The Goal 2
성과관리, '묻고 답하다'

The Goal 2
성과관리, '묻고 답하다'

초판 1쇄 인쇄 2022년 2월 17일
초판 1쇄 발행 2022년 2월 22일

지은이 이재형
펴낸이 최익성
책임편집 권정현
편집 이유림
마케팅 총괄 임동건
마케팅 임주성, 홍국주, 김아름, 신현아, 김다혜
마케팅 지원 황예지, 신원기, 박주현, 김미나, 이현아, 안보라
경영지원 임정혁, 이순미
펴낸곳 플랜비디자인
디자인 박영정

출판등록 제2016-000001호
주소 경기도 화성시 첨단산업1로 27 동탄IX타워
전화 031-8050-0508 **팩스** 02-2179-8994
이메일 planbdesigncompany@gmail.com

이 도서의 국립중앙도서관 출판예정도서목록(CIP)은 서지정보유통지원시스템 홈페이지
(http://seoji.nl.go.kr)와 국가자료종합목록 구축시스템(http://kolis-net.nl.go.kr)에서 이용하실 수 있습니다.
(CIP제어번호 : CIP2020036010)

THE GOAL 2

성과관리, '묻고 답하다'

이재형 지음

플랜비디자인

PROLOGUE

성과관리를 제대로 하기 위한
어려운 길을 안내하며….

교육과정이나 책이 필요한 이유는 관련된 문제를 쉽고 빠르게 해결할 방법을 얻기 위해서입니다. 이 책의 독자 역시도 이러한 목적에서 이 책에 관심을 가지고 살펴본 끝에 구매하였을 것입니다. 성과관리 강의 요청을 받을 때도 마찬가지로 기업의 경영진 및 교육 담당자들은 자신의 리더들이 손쉽게 따라할 수 있는 다른 기업의 모범 사례나 성과관리 모델과 툴(tool)을 기대하며 저자에게 강의 전 미팅 시 보여 주기를 원합니다.

하지만 쉽고 빠른 해결책의 장점은 그 해결책이 단순히 쉽고 빠르다는 것 말고는 없습니다. 쉽고 빠른 해결책은 시간의 지루함을 이겨내고 복잡한 문제를 해결하려는 우리 모두의 창의력을 유혹합니다. 이 진리와 같은 말은 성과관리에도 당연히 적용됩니다. 세상에 시간과 노력을 제대로 투입하지 않고 그냥 되는 일은 하나도 없습니다. 즉, 정말 중요한 일을 해야 하는 데 있어 쉬운 방법은 없습니다. 그런 쉬운 방법을 기대하는 것은 우리들의 양심 없는 욕심일 뿐이고 시간이 아무리 걸리더라도 우리가 획득할 수 없는 신기루와 같은 것입니다. 우리 앞에는 어렵지만 그 일을 제대로 하는 방법만 존재할 뿐입니다.

따라서 이 책에 기대하였던 바가 큰 독자들이 있다면 그 기대를 조금은 낮추고 이 책을 읽어봐 주기를 바랍니다. 저자는 독자들의 기대와는 달리 쉽고 빠른 방법이 아닌 어렵지만 성과관리의 여러 문제를 제대로 해결할 방법을 제시하고자 합니다. 강의 현장에서 질문하는 중간 관리자, 학습자들은 즉문즉답을 원합니다. 질문은 구조적이고 복잡해 그 회사의 제도를 먼저 고쳐야 하는 것도 조직문화를 먼저 변화시켜야 되는 것도 있습니다. 그러므로 쉬는 시간 10분 내에 강의하는 중 2, 3분 내에 답변하기 어려운 것들이 대부분입니다. 강의 현장의 강사와 학습자들이 분노에 가득 차 경영진 탓, 구성원 탓, 정부 탓을 하며 온갖 불평불만을 쏟아 낸다고 해도 그저 푸념과 하소연일 뿐 강사와 학습자들이 직접 해결할 수 없는 문제들이 대부분입니다. 그래서 이 책을 쓰게 되었습니다.

이 책은 2020년 9월 출간한 저자의 네 번째 책인 〈THE GOAL

: 성과관리 리더십〉의 후속작입니다. 〈THE GOAL : 성과관리 리더십〉이 성과관리의 '목표 설정-실행 촉진 및 모니터링-평가/보상' 각 단계에 필요한 지식과 정보를 전달하는 개론서 역할을 하였다면, 이 책 〈THE GOAL 2 : 성과관리, '묻고 답하다'〉는 강의 현장의 리더들이 저자에게 질문하고 저자가 답변한 내용에 현장에서 미처 제공하지 못한 관련 이론과 사례까지 추가하여 더 상세히 설명한 것입니다. '질문의 상황 맥락-성과관리와 관련된 이론/사례-리더의 피드백 포인트 및 조치사항'의 순으로 최대한 상세하게 설명을 하여 현장의 리더들에게 도움을 주고자 하였습니다.

전작(前作)과 마찬가지로 이 책과 그리고 이 책의 내용을 중심으로 한 강의를 통해 팀 단위 성과관리를 제대로 잘하는 중간 관리자, 팀장들이 조금이라도 늘어나고 많아지기를 기대해 봅니다. 성과관리에 대한 레시피(recipe)가 담겨 있는 저자의 전작과 이 책에 대한 숙독에, 자신만의 재료와 손맛을 더 가미하여, 자신만의 성과관리 Best Practices를 창의적으로 고안해 내는 리더들이 많아지기를 기대해 봅니다. 이러한 모든 기대를 담아 저자의 다섯 번째 책을 또 내 봅니다.

코로나 19와 함께하는 3년 차,
2022년 새해 초에
다섯 번째 책을 발간하며

이재형(브루스)

CONTENTS

프롤로그 : 성과관리를 제대로 하기 위한 어려운 길을 안내하며… • 004

Part Ⅰ 성과관리
제도의 운영과 코칭 및 피드백

Q1 MBO는 오래된 것이고 우리 기업 현장에는 잘 맞지 않는 것 같습니다. 형식적으로만 운영되고 있는 것 같은데, 다른 기업들처럼 새로운 성과관리제도 툴을 도입해야 하지 않을까요? • 016

Q2 팀장의 역할이 고민입니다. 팀원들을 가르쳐 일을 시키느니 그 시간을 아껴 제가 직접 일을 하는 것이 5배는 더 빠를 것 같습니다. • 036

Q3 구성원은 리더가 솔선수범하며 실무를 직접 담당하지 않으면, 일을 하지 않고 논다고 생각하며 더 나아가 리더에 대한 신뢰를 거둡니다. 그러다 보니, 제가 실무자인지? 관리자인지? 헷갈립니다. 리더가 되었다고는 하지만, 오로지 관리자 역할에만 집중하기가 쉽지 않은 상황입니다. 리더뿐만 아니라 구성원들에게도 리더의 역할과 어려움이 무엇인지 교육기회가 제공되어야 한다고 생각합니다. • 064

Q4 면담이 중요하다는 얘기를 정말 많이 듣고 있습니다. 처음에는 반신반의했지만 이제는 저도 면담을 제대로 해야겠다는 생각을 합니다. 그런데 이제는 제가 면담을 하자고 해도 구성원들이 면담을 싫어합니다. 안하려고 합니다. 어떻게 면담을 해야 할까요? • 077

Q5 구성원과의 면담 시 형용사적, 부사적 표현을 배제하고 사람이 아닌 그 사람의 구체적 행동에 대해 행위동사 중심으로 그 사람의 행동을 묘사하는 방식으로 피드백을

주라고 합니다. 왜 그렇게 해야 하는지요? • 094

Q6 구성원들이 선호하고 기피하는 업무가 병존합니다. 따라서 부서에서 담당해야 할 목표를 구성원 모두에게 균등하게 배분해 줄 수 있는 방법을 배우고 싶습니다. 요즘 직원들은 "어려운 게 싫다. 평가 결과가 나빠도 되니, 쉽고 간단하고 스트레스 적게 받는 일을 하고 싶다."고 요청하는 경우가 많습니다. 각각의 업무를 어떻게 부여하는 것이 좋을까요? • 120

Q7 성과 부진자에 대해 리더들이 전반적으로 어떻게 대응하고 코칭해야 하는지 궁금합니다. • 131

Q8 일은 열심히 하는데, 만족스럽지 못하게 하는 구성원은 어떻게 코칭해 주면 좋을까요? • 143

Q9 본인의 잘못이 아닌 곳에서 문제가 지속적으로 발생하여 업무에 자신감을 잃고 있고 업무 스트레스도 받는 경우에 리더로서 어떤 조치를 취해 주어야 할까요? • 147

Q10 조직에는 잘난 사람, 못난 사람이 다 있습니다. 리더는 그 모든 사람을 다 끌고 나아가야 한다고 배우고 있습니다. "자신은 능력이 없다." 여기며 일찌감치 자포자기한 구성원들은 어떻게 격려할 수 있을까요? 포기해야 할까요? 아니면, 어떡하든 끌고 함께 가야 할까요? • 151

Q11 인력 감축/전출/퇴직 등으로 인한 인력 감소 시 업무 배분이 고민이며 동시에 구성원들의 사기 저하도 고민입니다. • 156

Q12 본인에게 주어진 업무는 잘하는데, 리더에게도 매우 터프하게 대응하는 구성원이라 일을 주기가 어려운 경우가 있습니다. 이런 구성원과의 소통방법, Tip이 있을까요? • 166

Part II 성과평가
구성원 모두의 최적 만족을 위한 공정성/수용성 확보방법

Q13 낮은 평가등급을 받아 불만이 많은 구성원의 이의 제기에 대응하는 방법이 궁금합니다.(성과평가에 있어 리더는 Low라고 판단하는데 평가 대상자는 Good 이상이라고 생각하는 경우 = 리더 - 구성원 간 업적 결과에 대한 눈높이가 다른 경우, 이러한 Gap 차이를 줄이는 방법이 있을까요?) • 174

Q14 상위 평가등급에 제한된 portion이 배정되어 있어 일을 잘한 구성원 모두에게 좋은 평가등급을 줄 수 없는 경우가 많습니다. 구성원에게 어떻게 얘기해 주고 대응해야 할까요? • 202

Q15 등급별 %가 있는 상대평가를 하다 보니, 실제 D등급에 해당하는 구성원이 없음에도 불구하고, 강제로 누군가에게는 D등급을 주어야 합니다. 이래서 절대평가를 해야 하는 것 같습니다. • 217

Q16 개인별로 업무에 대한 역량도 다르고 서로 분야(또는 업무 중요도)가 다릅니다. 그러다 보니 어떻게 공정한 기회를 제공하고, 공정하게 평가할 수 있을지 고민입니다. 어떻게 해야 할까요? • 224

Q17 승진 대상자에 대해서는 어떻게 평가를 해야 할까요? • 238

Q18 정성적 성격이 분명한데도 위에서는 모든 성과지표를 정량지표화시켜 목표로 설정하라고 합니다. 이게 가능한 일인가요? 그리고 이게 과연 옳은 방법인가요? 또 '옳은 방법이냐, 아니냐'를 떠나서 이게 가능한 일인가요? • 248

Q19 연초에 설정한 목표를 중간 평가면담 시 조정해 주어도 되는지요? 아울러 중간 평가면담은 연도 중 몇 번 정도 해야 적절한지요? • 255

Q20 담당하고 있는 팀 성과목표의 50% 이상 실적이 외부 요인에 의해 좌우됩니다. 이러한 상황 속에서 팀장은 어떠한 역할을 해야 하는지 난감합니다. 어떻게 해야 할

까요? • 263

Q21 제대로 된 성과평가를 위해서는 구성원이 어떤 상황에서 어떻게 일을 하고 있는지 관찰을 하고, 근거(evidence)를 남겨야 한다고 하는데, 어떠한 모습과 어떠한 항목을 기준으로 근거 기록을 남겨 두어야 할까요? (근태, 업무 지시 달성 여부, 기한 준수도 등) • 278

Q22 2차 평가자(또는 평정자)인 본부장(또는 임원) 입장에서 1차 평가자(또는 평정자)인 팀장의 평가 결과를 넘어오는 그대로 반영하는 것이 맞는지요? 맞지 않다면 다른 방법은 없을까요? • 284

에필로그 성과관리 역시 스스로 돕는 사람만이 도움을 받을 수 있습니다. • 293

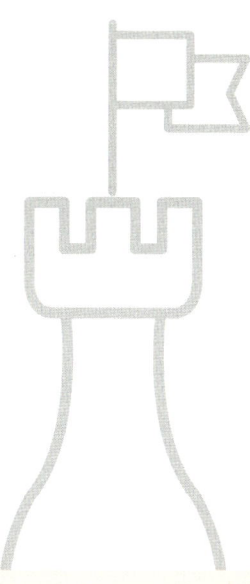

THE G⬤AL 2

먼저 이 책을 읽기 전에 그리고 읽은 후에라도 성과관리와
성과평가의 전반적인 내용에 대해 궁금하다면,
저자의 전작(前作)을 참고하기 바랍니다.

특히 2020년 9월 발간한 〈THE GOAL : 성과관리 리더십〉
(플랜비디자인)은 이 책과 바로 연결되는 저자의 직전 前作입니다.

아울러 이 책에서 중간 관리자, 리더에 대해서는
그때 그때의 상황과 맥락에 맞게 리더, 팀장, 상사 등의
용어를 혼용해 사용했으며,
직원, 팔로워에 대해서는 구성원, 팀원, 부하 직원, 직원 등의
용어를 혼용하여 사용했습니다.

Part I

성과관리

제도의 운영과 코칭 및 피드백

Q1

PART I 제도의 운영과 코칭 및 피드백

MBO는 오래된 것이고 우리 기업 현장에는 잘 맞지 않는 것 같습니다. 형식적으로만 운영되고 있는 것 같은데, 다른 기업들처럼 새로운 성과관리제도 툴을 도입해야 하지 않을까요?

 질문의 상황 맥락

MBO(Management By Objectives)는 실제 목표에 의한 경영관리를 의미하며 오래전에 만들어진 것은 맞습니다. 1950년 6월 25에 발발한 한국전쟁이 3년을 끌다가 1953년 7월에 휴전하게 되는데, MBO는 1년 뒤인 1954년에 경영의 대가(Guru) '피터 드러커'에 의해 처음 그 개념이 마련됩니다. 즉, 2022년 기준으로 지금으로부터 68년 전에 탄생한 것이 MBO입니다. 1954년 탄생한 이후 1967년 피터 드러커가 〈The Effective Executive〉라는 책을 발간함으로써 체계화되었고 MBO는 여전히 많은 기업에서 아직도 채택/운용하고 있을 정도로 여전히 유효한 성과관리제도입니다.

하지만 수많은 기업들이 채택하고 있는 성과관리제도이기 때문에 그에 따르는 비판과 문제 제기 역시 그에 비례해 많습니다. "미국은 모르겠는데, 우리나라 현실에는 안 맞는 것 같다.", "목표 수준을 낮게 잡아, 연도 말이 되면 모두 다 달성률이 100%, 만점이 되어 버려 실제 성과관리가 되지 않는다." 그래서 더 효과적인 성과관리제도에 대한 목마름이 우리 기업 현장에 있는 것 같습니다.

〉〉 성과관리와 관련된 이론/사례

미국과는 달리 우리 기업 현장에서 MBO에 대해 간과하고 있는 부분이 많은 것 같아, 다시금 정리해 설명하도록 하겠습니다. 기업 구성원의 연 단위 목표는 경영진으로부터 현장의 구성원에 이르기까지 위에서부터 아래로, Top-down으로 이루어지는 것이 맞을까요? 아니면, 시대도 바뀌고 세대도 바뀌고 있으니 민주적인 방식으로 맨 아래 구성원으로부터 의견을 수렴하여 맨 위 경영진에게 전달하는 아래서부터 위로, Bottom-up 방식으로 이루어지는 것이 맞을까요?

제가 성과관리 강의를 할 때 기업의 리더들에게 꼭 물어보는 질문입니다. 이런 질문을 하면 시대와 세대가 바뀌었음에도 Topdown이라는 답변이 여전히 다수입니다. 맞습니다. 조그마한 구멍가게도 아니고 콩가루 집안이 아닌 이상 목표는 맨 위 경영진으로부터 맨 아래 구성원에 이르기까지 Top-down으로 내려오는 것이 맞습니다. 경영학 교과서에도 그렇게 설명하고 있습니다. 다만, 목표 설정 이후에 그 목표를 달성하기 위한 세부 추진계획, 세부 실행계획은 Bottom-up으로 아래에서 위로 수렴되어 올라가는 것이 맞다고 합니다.

하지만 이렇게 목표가 위에서 아래로 Top-down으로 내려오게 되면 문제가 하나 있습니다. 구성원이 싫어한다는 것입니다. 펜실베이니아대학의 마케팅 전공 교수인 조나 버거(Jonah Berger)는 "사람은 자기가 선택하고 결정한 것에 주인이 된다."고 합니다. 즉, 그 반대라면 주인이 안된다는 얘기입니다. 사람들은 기본적으로 자신에게 통제권이 있기를 바랍니다. 그러므로 그 누군가가 사람들에게 무엇인가를 시키려고 하면 그들은 힘을 뺏긴 기분을 느끼게 됩니다. 스스로 선택을 했다기보다는 누군가가 그들의 선택을 대신 내려주었다고 느낍니다. 그러다 보면, 원래 기꺼이 하려고 했었던 일조차도 싫다고 하면서 다른 짓을 하게 되는 경우가 많습니다. 시험 기간임에도 불구하고 여전히 TV를 보고 있는 아들. 아빠는 걱정이 되어 더 이상 참지 못하고, "이제 TV 그만 보고 방에 들어가서 공부를 하라."고 합니다. 아들은 그러지 않아도 지금 보던 프로그램이 10분 뒤에 끝나, 이것만 보고 방에 들어가 공부를 할 생각이었습니다. 하지만 아빠의 그 말 한마디에 갑자기 공부가 하기 싫어집니다. 방에 들어오긴 했지만 왠지 모르게 아빠의 그 말에 따르기 싫어 공부하는 척하면서 핸드폰으로 게임을 합니다. 그렇기 때문에 지시나 통보 대신 스스로 선택을 하게끔 상황을 만들어 주어야 합니다. 기업의 구성원들에게 일을 시키는 것도, 아들에게 공부하라고 하는 것도 마찬가지입니다. 지시는 저항과 방관을 불러오고 자율은 주인의식과 몰입을 불러옵니다. 좀 돌아가고, 그만큼 좀 늦어지더라도 아무리 중요하고 급한 일이어도 경영진과 리더는 구성원 스스로가 선택하고 스스로 결정하게끔 업무 프로세스를 구축해야 합니다.

이런 이유로 등장한 것이 1954년의 MBO입니다. 실제 MBO는 앞서서 저자가 얘기한 Top-down과 Bottom-up의 조화를 추구하기 위해 피터 드러커에 의해 고안된 것입니다. 21세기 지금의 미국도 아니고, 20세기 1954년의 미국이라면 전 세계 자유민주주의 체제의 표준국가인 미국 역시도 옛날이니 기업 현장에 권위주의가 만연해 있었을 것이며, 수평적이라기보다는 Top-down의 수직적 조직문화가 자리하고 있었을 것입니다. 바로 이런 시대에 피터 드러커는 Top-down 외에 Bottom-up의 개념을 추가해 성과관리제도를 만들어 내었는데 그것이 바로 MBO입니다. 그때까지의 성과관리제도는 실제 Top-down의 일방적 지시와 명령이 만연되어 있었는데, MBO는 민주적 수렴을 중시하는 Bottom-up의 개념을 추가해 만들었습니다. 이래서 피터 드러커가 만든 MBO가 대단한 것입니다.

다음 그림의 'MBO의 구조'와 함께 더 자세히 설명하겠습니다. 먼저 MBO의 전체 구조는 '목표 합의' - '목표 수행' - '평가 시행'으로 되어 있습니다. 즉, MBO 역시 P-D-S의 업무 프로세스로

MBO의 구조와 단계별 내용

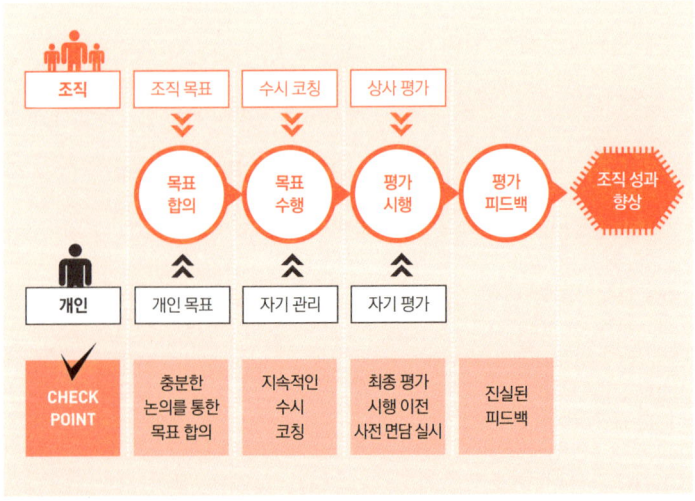

출처 : THE GOAL : 성과관리 리더십, p.112, 이재형 저

'Plan = 목표 합의' - 'Do = 목표 수행' - 'See = 평가 시행'의 구조로 되어 있습니다. 그리고 이러한 '목표 합의' - 'Do = 목표 수행' - 'See = 평가 시행' 구조의 상단에는 조직(또는 경영진 및 리더)이, 하단에는 개인(직원 또는 구성원)이 위치하고 있습니다.

그럼, 이제부터는 각 단계별로 'MBO의 내용'에 대해서 설명하겠습니다. **첫 번째 Plan에 해당하는 '목표 합의'단계입니다.** 가장 먼저 목표는 바로 앞서서 설명했던 것처럼 경영진으로부터 구성원에게 위에서 아래로 Top-down으로 내려올 것입니다. 하지만 이렇게만 되면 그 목표를 받게 되는 구성원들이 싫어하고, 저항하고, 따르지 않고 다른 짓을 하려고 할 것이니 Bottom-up의 프로세스도 필요하다고 피터 드러커는 주장했습니다. 그래서 프로세스를 추가한 것이 '목표 설정면담'입니다. 목표를 경영진과 리더가 Top-down으로 일방적으로 지시하고 통보하지 말고 Bottom-up이 될 수 있도록 전 구성원을 참여시켜 목표에 대해 충분한 논의를 통해 시간이 오래 걸리더라도 여러 차례 면담을 거쳐 상호 합의하라고 한 것입니다. 이렇게 했을 때는 아무리 목표가 Top-down으로 위에서 내려온 것이지만 구성원이 결국에는 리더와의 여러 차례 면담을 통해 동의하고 받아들이게 될 것이니 그 구성원에게는 그 목표에 대한 자기 수용을 통해 주인의식이 생길 것입니다. 리더가 일을 시키지만, 그 시킨 일을 직접 수행하는 것은 구성원입니다. 목표를 부여하는 단계에서부터 그 목표와 일에 대한 자기 수용도를 제고시켜 주인의식을 가지고 능동적으로 자율적으로 움직이게 하려고 Top-down에 Bottom-up을 더한 '목표 설정 면담'은 필수적입니다. 이를 통해 조직 목표 – 개인 목표 간 정합성도 제고되는 것입니다. 이러한 필요성 때문에 성과관리를 강의하는 강사들이, 그리고 기업의 인사담당자들이 목표 설정면담을 하라고 강조하는 것이며, 더 나아가 목표 설정면담을 할 수 있도록 연초에 기간도 통제하고, 목표 설정내용과 면담내용을 입력할 수 있도록 자체 인트라넷도 개발하여 운영하는 것입니다.

다음은 Do에 해당하는 '목표 수행' 단계입니다. 연도 중 직무를 수행하는 구성원에 대해 리더는 모니터링을 통해 그 직무수행 경과를 수시로 확인할 것입니다. 과거에는 이런 모니터링을 위해 인사팀에서 6월 말, 7월 초 정도에 중간 평가면담을 하도록 기간과 시기를 통제하기도 하였습니다. 하지만 최근 들어 중간 평가면담을 포함한 수시, 상시 성과관리의 개념이 적용되면서 분기별 1회 또는 리더의 필요에 의해 그 이상의 횟수로 모니터링 면담을 하도록 권하고 있는 기업도 많습니다. 하지만 이러한 리더의 수시/상시 성과관리를 위한 모니터링 면담은 기본적으로는 리더가 주도하는 Top-down 업무관리 행동입니다. 여기에 또 Bottom-up의 개념을 추가한 것이 피터 드러커입니다. 피터 드러커는 리더가 모니터링을 위해 면담을 하고, 면담 과정을 통해 일을 더 잘 할 수 있도록 수시 코칭도 해야 하지만, 일은 기본적으로 구성원 스스로가 '자기 관리'를 통해 해야 하는 것이라고 하였습니다. MBO의 기초는 '자율성에 의한 자기 관리(self-control)'라고 합니다. 흔히들 오해하는 것처럼 목표와 일, 사람들을 Top-down으로 강제로 밀어붙이며 기계적으로 관리하는 것이 아닙니다. 그래서 MBO를 Management By Objectives 외에 Management By Objectives and Self-control이라고도 합니다. 즉, 실제 MBO는 목표 그 자체 관리만 잘하는 것이 아니라, 구성원이 자기 관리에 의한 목표 관리를 통해 최종적으로는 성과관리, 성과 창출을 잘하는 것을 의미합니다. Top-down 업무관리 행동 외에 Bottom-up의 자기 관리(self-control)능력이 더 중요시되는 것이 이 목표 수행단계이며, 구성원이 이러한 self-control, 자기 관리능력을 갖추기 위해서는 바로 앞의 목표 합의단계가 중요합니다. 목표 합의단계가 전체 프로세스에서 가장 중요한 이유이기도 합니다. 가장 중요한 단계이기 때문에 이 단계에 시간 투입과 노력 투입을 70% 이상 하여야 합니다. 그리고 목표 수행단계에는 20%의 시간과 노력을, 마지막 평가 시행단계에는 10%의 시간과 노력을 투입해야 합니다. 목표 합의단계에서 목표를 일방적으로 하달, 지시 받고 통보 받았다면, 목표 수행단계에서 구성원의 자기 관리능력이 발현될 수는 없을 것입니다. 반면, 목표 합의단계에서 시간이 다소 지체되더라도 여러 차례 목표 설정면담을 통해, 1년 중 해야 할 구성원의 목표와 일에 대해 충분히 논의하고 최종 합의를 했다면 구성원의 자발적, 자율적 자기관리능력은 확보될 수 있을 것입니다. 따라서 첫 번째 단계인 목표 합의단계와 두 번째 단계인 목표 수행단계는 긴밀하게 연결되어 있습니다. 목표 수행단계가 잘 추진되기 위해서는 그 앞 단계인 목표 합의단계가 원활히 진행되었어야 합니다. 즉, 첫 단추를 잘 끼워야 합니다. 첫 단추를 잘못 끼우면, 너무나도 당연하게 그 뒤 단계들이 힘들고 어려워지는 것이 성과관리입니다. 어쩌면 힘들고 어려워지는 정도가 아니라 거의 제대로 작동하지 못하는 것이 성과관리입니다.

첫 번째 단계에서 충분한 논의를 통해 목표를 수용하게 하는 것이 두 번째 단계에서 구성원이 자기 관리능력을 갖추고 Bottom-up으로 일을 스스로 하게 만드는 유일한 방법입니다. 또한, 연도 말에 구성원이 기대했던 평가등급이 아닌 낮은 평가등급을 받게 되는 경우, 구성원이 리더를 대상으로 이의 제기하는 경우가 있습니다. 그런데 구성원들이 이의 제기를 하고 불만을 토로하는 경우의 대부분이 목표 합의단계에서 목표에 대해 상호합의를 이루지 못하고 목표를 통보받았다는 불만이라고 합니다. 역시나 성과관리의 모든 단계에 있어 첫 단계인 목표 합의단계가 가장 중요한 이유입니다.

마지막 세 번째 단계는 See에 해당하는 '평가 시행'단계입니다. 리더는 마찬가지로 Top-down으로 구성원의 한 해 직무수행 경과와 목표 달성 정도를 평가한 최종 결과물인 평가등급을 통보해야 할 것입니다. 하지만 이 단계 역시 마찬가지로 이렇게 일방적으로 Top-down으로만 평가등급이 통보된다면 이를 받아들일 구성원은 기분이 나쁠 것입니다. 반발할 수도 있을 것입니다. 따라서 이 단계 역시 Bottom-up의 프로세스가 추가/보완되어야 합니다. 두 가지 방법이 있습니다. 그중 하나는 최종 평가면담을 하는 것입니다. 목표 설정면담과 거의 동일하게 리더가 결정한 평가등급을 일방적으로 통보하는 것이 아니라, 어떠한 근거에 의해 왜 이런 평가등급이 나오게 되었는지 해당 구성원을 만나 설득시키는 최종 평가면담을 가지라고 하는 것입니다. 필요하다면 한 번이 아니라, 당사자인 구성원이 스스로 납득할 때까지 무한대라도 면담을 해야 합니다. 나머지 하나는 '자기 평가'제도의 도입입니다.

리더가 구성원을 평가한 평가 리포트 외에 구성원이 스스로 자신에 대해 평가한 평가 리포트를 같이 제출하여 리더와 구성원이 평가 결과에 대해 같이 논의하고 합의하는 제도를 운용하는 기업도 있습니다. 아울러 전체 100% 중 10% 정도에 해당하는 비중으로 자기 평가 점수를 성과(인사)평가에 반영하기도 합니다.

이렇게 두 가지 방법을 통해 평가 시행단계 역시 Top-down 외에 Bottom-up을 추가하여 운영하는 것이 MBO입니다. 이렇게 MBO의 'Plan-Do-See'의 전 단계에 있어 끊임없이 리더-구성원 간 면담이 필요합니다. 그리고 그렇기 때문에 MBO의 기초가 '자기 관리'인 것에 비해, MBO의 핵심을 커뮤니케이션이라고 합니다. 즉, 목표 합의단계에서의 '목표 합의면담', 목표 수행단계에서의 '수시/상시/중간 평가면담', 평가 시행단계에서의 '최종 평가면담' 등 MBO의 모든 과정이 커뮤니케이션, 면담, 대화를 핵심요소로 하는 것입니다.

그렇다면 피터 드러커가 만든 MBO와 달리, 우리 기업 현장에서 리더들이 간과하고 있는 것은 과연 무엇일까요? MBO의 기초인 '자기 관리'와 MBO의 핵심인 '커뮤니케이션'을 생략한 채 목표인 Objectives만을 가지고 경영관리를 하는 것이 이 문제의 시작과 끝이자 전부입니다. 목표를 하달하고, 그 목표의 진행사항을 점검/모니터링 하고, 평가등급을 통보하는 등 커뮤니케이션을 생략한 채 Top-down으로만 MBO를 운용하고 있습니다.

리더의 피드백 포인트 및 조치사항

"MBO의 대안, OKR은 맞는 것인가?"

정말 MBO는 그 내용이 우리 기업 현장에 안 어울리는 것일까요? 도입된 지가 수십 년인데 왜 아직도 한국기업 현장에 내재화되어 정착되고 있지 못하는 것일까요? 그 이유는 우리가 간과하고 있는 '자기 관리'와 '커뮤니케이션'에 있습니다. 앞서서 살펴본 그림 'MBO의 구조와 단계별 내용' 상단에 해당하는 부분만 진행하면서 MBO를 잘하고 있는 줄 아는 것입니다. Top-down에 해당하는 상단의 것만 하며, 정작 '자기 관리'와 '커뮤니케이션'과 관련이 있는 Bottom-up에 해당하는 하단의 것은 안하면서 제도 탓을 합니다. 기초와 핵심은 Bottom-up에 해당하는 하단의 것인데, 하단의 것을 안하고 제도 탓을 하면서 또 다른 성과관리제도를 새롭게 탐색하고 도입하려고 합니다.

MBO의 대안으로 주로 OKR이 거론됩니다. 과연 OKR은 그 대안으로 유효할까요? 새로운 성과관리제도를 고민하는 기업과 리더들에게 OKR과 MBO를 대비해 설명하고자 합니다.

MBO vs. OKR

구분	MBO	OKR
용어	Management By Objectives	Objectives(What you want) + Key Results(How you'll do)
개발	피터 드러커(1954)	존 도어(1974) : 인텔에서 창안 존 도어(1999) : 구글에 도입 존 도어(2017) : 'OKR' 출간
사이클	기본 1년	**기본 3개월** - 목표 관리과정이 짧아져 환경변화에 민첩하게 대응 가능
목표 설정	Top down + Bottom up 보수적 실패에 대한 상/벌 철저	Bottom up 도전적이며, 공격적 실패 용인
보상 연계	직접적 연계 : 승진/인센티브/연봉	간접적 연계 : 부작용 우려 때문에 부정적 - 오히려 보상은 동기부여 저하, 목표 설정에 대한 sand-bagging 효과(전력을 다 하지 않는 현상) 초래
주요 특성	성과관리체계 (KPI 사용), 평가 도구	**목표관리체계, 실행 도구** - 조직 전체가 동일한 사안에 관심을 집중하도록 만들어 주는 경영 도구 - 목표를 설정하고 그 목표를 어떻게 실행에 옮길지에 대한 목표 관리법 - "아이디어는 쉽다. 중요한 것은 실행이다."(존 도어)

출처 : THE GOAL : 성과관리 리더십, p.118, 이재형 저

2017년 존 도어의 'OKR'이라는 책이 출간된 이후, 국내·외에서 OKR 제도에 대한 연구와 도입 논의가 한창입니다. 그래서 저자가 인터넷 검색과 책에 내용 등을 나온 그대로 정리해 보았습니다. 하지만 여러 가

지 면에서 잘못 정리되고 오해를 일으키는 내용도 있어 바로 잡고자 합니다.

과거의 MBO는 잘못된 것이고 새롭게 나온 OKR은 좋은 것이라는 이분법적 사고에 의해, 지나치게 MBO를 깎아내립니다. 대표적으로, "MBO는 연초에 한 번 목표를 설정해 놓고 쳐다보지도 않는다. 그래서 목표 관리가 제대로 되지 않는다.", "Top-down의 하향식으로 목표를 설정한다. 목표 설정에 있어 투명하지 못하고 폐쇄적이다.", "보상에 직접 연계하고, 상/벌이 명확하다 보니 도전적인 목표를 설정하지 못한다." 하지만, 지나친 한쪽 몰이식 비판입니다. MBO에 있어서도 최초 목표 설정면담 외에 연도 중 수시/상시/중간 평가면담 및 최종 평가면담을 하도록 하고 있습니다. 이러한 연중 여러 차례의 면담과 실행 모니터링을 통해 목표는 연중 지속해서 관리될 수 있습니다. 다만, 원래 MBO 제도가 이러함에도 불구하고, 현장에서 제대로 실천하지 않아 위에서 지적한 문제점이 발생합니다. OKR 역시 또 훌륭한 제도이겠지만, 현장에서 MBO와 마찬가지로 실천하지 않는다면 그 장점 역시 발휘되지 않을 것입니다.

MBO는 절대 Top-down의 하향식으로 목표를 설정하지 않습니다. MBO의 기본 철학은 구성원의 자율 참여에 의한 자율적 목표 설정입니다. 오히려 OKR만큼 Bottom-up 성격이 강합니다. 그 과정 역시도 투명하고 개방적입니다. 다만 시간이 없고 바쁘다는 여러 가지 핑계를 대며, Top-down 방식으로 신속하게 목표를 설정해 내려고 하는 여러 리더의 욕심에 의해 잘못 운영되고 있습니다.

끝으로, 보상과의 직접적 연계가 잘못된 것은 아닙니다. 당연히 금전적, 직접적 보상은 여러 부작용도 있습니다. 구성원을 오히려 수동적으로 만들고, 구성원 간 위화감 등을 비롯한 여러 갈등도 초래합니다. 보상을 얻기 위해 달성이 쉬운 목표를 설정하려고 하는 것과 같은 문제점도 발생시킵니다. 하지만, 위의 표 OKR의 특성으로 이야기하는 것처럼 "보통의 평범한 구성원들이 과연 상/벌과 상관없이 도전적인 목표를 알아서 잘 설정할까?" 저자는 회의적입니다. 구성원 대부분은 유니세프와 같은 비영리조직에 근무하는 것이 아니며, 그러므로 대부분 상(승진/인센티브/연봉)과 벌에 의해 기본적으로 움직일 것입니다.

결국, OKR? MBO? 저자가 볼 때 이 둘은 완전 다른 것이 아닙니다. 과거의 것이라고는 하지만, MBO 역시 기본 철학과 기본 운영 프로세스를 충실히 따르고 현장에서 실천만 잘한다면, 굳이 또 새롭게 OKR이라는 것을 도입하지 않아도 될 것입니다. MBO의 껍데기만 벗겨서 수입하고, 그것 역시도 제대로 실행도 하지 않은 상태에서 새로운 것이라고 OKR을 또 도입한다면, 결과는 지금과 크게 다르지 않을 것입니다.

특히나, MBO의 기초와 핵심이 '자기 관리'와 '커뮤니케이션'인 것

이상으로 OKR 역시 '자기 관리'와 '커뮤니케이션'을 중요시합니다. 즉, OKR은 도전적 목표 설정을 강조하며 실제 성공 확률이 70% 정도밖에 안되는 중요하면서도 어려운 목표를 설정하라고 하는데, 이러한 어려운 목표를 스스로 설정하고 도전하는 데 있어 가장 중요한 것이 구성원의 '자발성', '자기 관리능력'인 것입니다. 어쩌면 MBO의 자기 관리능력보다 OKR에 자기 관리능력과 자발성이 더 필요합니다. 또한, MBO의 기본 한 사이클이 1년 12개월인 것에 비해, OKR의 기본 한 사이클은 3개월입니다. 3개월이라는 기간 내에 '목표 합의-목표 수행-평가 시행'의 커뮤니케이션이 이루어져야 하는 만큼 MBO의 몇 배 이상으로 커뮤니케이션을 필요로 합니다. 앞서서 MBO가 '자기 관리'와 '커뮤니케이션'의 하단 Bottom-up 프로세스는 생략된 채, 상단 Top-down의 프로세스만으로 진행되었기 때문에 제대로 작동하지 못한 것이라고 설명하였습니다. MBO가 '자기 관리'와 '커뮤니케이션' 부재로 실패하였다면, '자기 관리'를 더 강조하고, '커뮤니케이션'을 더 많이 해야 하는 OKR 역시 실패할 수밖에 없을 것입니다. 문제는 제도가 아니라, 제도의 내용을 온전히 실행하지 않고 운용하는 사람의 문제인 것입니다.

물론 조직 밖의 사람들도 문제입니다. 수요가 공급을 창출하는 것이 아니라, 오히려 공급이 수요를 창출한다는 경제학자 세이(Say)가 말한 '세이의 법칙(Say's law)'처럼 새로운 트렌드와 제도와 같은 공급을 만들어 기업의 수요를 촉발해 돈을 버는 세력이 문제입니다. MBO를 제대로 실행하고 있지 못한 기업이 '자기 관리'와 '커뮤니케이션'과 같은 근본적인 문제를 해결하지 못하면, 아무리 새로운 것이라도 OKR을 도입해도 실패할 것이 분명한데 이를 설명해 주지 않고 컨설팅을 해 주고, 교육을 시키고 새로운 시스템을 깔며 돈을 법니다. OKR이 유행이기 때문에 이것을 하지 않으면, 시대에 뒤떨어지는 것이고 성과관리가 제대로 안될 것이라 하면서 기업의 수요를 이끌어 냅니다. 그러면서, 큰 문제도 없는 MBO를 과거의 것이고 보수적이어서 문제가 많다는 식으로 깎아내립니다. 기업의 인사담당자 역시 다음 연도 사업계획을 수립하기 위해 좋은 아이템이 필요하던 차에 정말 잘되었다고 하면서 맞장구를 쳐줍니다. 기업의 예산은 이런 식으로 주기적으로 낭비되는 것이며, 이런저런 사정을 잘 모르는 임직원들은 또 주기적으로 새로운 제도가 도입될 때마다 '똥개 훈련'을 당하는 것입니다. 이러다가 또 몇 년 뒤에 더 새로운 제도가 나왔다고 하면서 요란을 떨 것입니다. ESG는 저자의 전공 분야가 아니어서 섣불리 언급해서는 안되겠지만, 지금 막 유행이 시작된 ESG(Environment, Social, Governance의 머리글자를 딴 단어로 기업 활동에 친환경, 사회적 책임 경영, 지배구조 개선 등 투명 경영을 고려해야 지속 가능한 발전을 할 수 있다는 철학을 담고 있음) 역시 과거에 한때 유행했던 CSR(Corporate Social Responsibility : 기업 활동에 영향을 받거나 영향을 주는 직간접적 이해 관계자에 대해 법적, 경제적, 윤리적 책임을 감당하는 경영 기법)과 무엇이 다른지 의문을 던지는 사람도 많습니다.

물론 현재의 ESG가 과거의 CSR보다는 분명 진일보한 형태의 것은 맞습니다. 하지만 MBO처럼 과거의 CSR에 실패한 기업은 OKR처럼 현재의 ESG를 도입한다고 하더라도 실패할 확률이 높습니다. CSR를 제대로 하지 못한 근본적인 문제를 해결하지 못하고, CSR이라는 제도만을 탓하고 새로운 제도로서 ESG를 도입하는 경우가 있어서는 안되겠습니다. CSR이 되었건, MBO가 되었건 간에 잘 안된 이유를 제대로 살펴 고쳐 쓰는 것이 돈도 아끼고, 임직원들을 덜 괴롭히고 기만하지 않는 방법이 아닐까 감히 생각하고 제안해 봅니다. MBO를 상단뿐만 아니라 하단 부분의 내용까지도 완벽하게 잘하고 있는데, 우리 회사를 한 단계 더 성장시키고 싶어, 새로운 성과관리제도를 필요로 하는 상황이라면 그때에 한해 OKR를 도입해도 좋습니다. 물론, OKR은 제도 이전에 문화라는 얘기가 있을 정도로 우리 회사 문화와의 정합성이 먼저 검토되어야 합니다. 하지만 앞서 이미 언급한 것처럼 MBO를 잘못하고 있는데, MBO라는 제도 탓만을 하며 조직 내부의 고쳐야 할 것을 고치지 않은 채 새롭다고 OKR를 도입한다면 이번에도 역시 필패로 이어질 것입니다.

결론적으로 새것이라고 다 좋은 것은 아니니, 기존의 MBO를 우리가 어떻게 운영하고 있는지, 보완할 점은 없는지 인사담당자들과 성과관리의 책임이 있는 조직의 리더들이 다시 살펴보고 MBO를 제대로 실행하기를 바랍니다. 구성원의 '자기 관리능력'을 끌어올릴 수 있는 방법을 고민해 보고, '커뮤니케이션'을 여러 차례 제대로 하기를 기대해 봅니다.

그런 이후에 OKR을 순차적, 단계적으로 도입하기를 바랍니다. OKR은 정말 좋은 도구이지만 정말 많은 노력과 시간을 투입해야 제대로 작동이 되는 어려운 도구입니다.

Q2

PART I 제도의 운영과 코칭 및 피드백

팀장의 역할이 고민입니다. 팀원들을 가르쳐 일을 시키느니 그 시간을 아껴 제가 직접 일을 하는 것이 5배는 더 빠를 것 같습니다.

 》 질문의 상황 맥락

팀원을 관리하면서 팀원의 성과 창출을 지원해야 하는 팀장. 일단, 일을 시키는 방법을 모릅니다. 일을 시켜야 하는 필요성도 모릅니다. 왜냐하면, 본인이 직접 하는 것이 더 빠르고, 간단하기 때문입니다. 일을 시키려 하다 보면, 일단 일을 가르쳐야 하고 이러면서 시간이 더 오래 걸립니다. 특히나 '착한 리더 콤플렉스'에 걸린 팀장의 경우에는 일을 시키면 구성원들이 싫어한다고 생각해, 일을 주는 것 자체를 미안해 하며 구성원들의 눈치를 먼저 봅니다. 구성원들의 눈치를 살피며 일을 줄까 말까 망설이는 것보다는 내가 일을 조금 더하는 것이 스트레스도 안 받고 더 낫다는 결론을 내립니다. 그래서 팀원들 이상으로 일을 하느라고, 늘 팀원들보다 퇴근이 늦습니다. 주 52시간제 도입 이후, 홀로 남아 야근하는 것은 팀장뿐입니다. Burn-out이 머지않아 보입니다.

≫ 성과관리와 관련된 이론/사례

많은 리더들이 실무자 시절 본인이 발휘했던 핵심 역량, 강점 역량으로 성과를 창출하고, 그 업적을 인정받아 중간 관리자인 팀장으로 승진합니다. 또한, 업적의 크기가 클수록, 일을 열심히 한 정도가 많을수록 그에 비례해 빨리 승진합니다. 이것이 평가의 공정함이기도 합니다.

하지만, 많은 리더들이 팀장의 지위에 오르면 당황합니다. 딜레마에 빠집니다. **첫 번째 이유는 실무자 때 인정받았던 역량과 중간 관리자로서 요구되는 역량이 다른데, 실무자 때 발휘했던 과거의 역량 기준으로 리더의 지위로 승진을 시키고 미래의 일을 맡기기 때문입니다.** 은행이나 보험회사 현장에서 실적이 좋았던 어떤 직원을 보상 차원에서 조기 승진시켜 본사의 스텝 부서로 불러들이고 팀장을 시킵니다. 주변에서 많은 볼 수 있는 사례입니다. 결과는 어떨까요? 모든 경우가 그런 것은 아니지만, 많은 경우에 그 직원은 답답함을 호소합니다. 예전에는 자기 혼자 일을 열심히 해 성과를 창출하고, 일을 잘한다는 평가를 받아 왔었는데, 본사 팀장 자리는 자기 혼자 일을 솔선수범한다고 성과가 창출되는 구조가 아니기 때문입니다.

리더십의 정의를 종합해 보았습니다. "리더십은 다른 사람(구성원, 팀원, 부하 직원 등)에 대한 영향력 행사, 동기부여를 통해 그 다른 사람이 성과를 창출하게끔 만드는 것입니다." 그럼, 이렇게 리더가 리더십을 발휘하는 과정에서 리더는 어떻게 성과평가를 받을까요? "리더는 그 다른 사람이 창출해 낸 성과의 총합으로 평가를 받는 사람입니다." 지금으로부터 2,300여 년 전 중국 춘추전국시대의 법가 사상가인 한비자(韓非子: BC 280 ~ 233년) 역시 팔경(八經)편에서 비슷한 얘기를 한 바 있습니다. 한비자는 군주를 세 가지 유형으로 구분하였는데,

"下君盡己之能 하급의 군주는 자기의 능력을 다하고,
　中君盡人之力 중급의 군주는 다른 사람의 힘을 다하게 하고,
　上君盡人之智 상급의 군주는 다른 사람의 지혜를 다하게 한다."

라고 하면서, 군주(여기서는 리더로 이해해도 됨)가 되어서도 다른 사람

의 힘을 다하게 하거나, 다른 사람의 지혜를 다하게 하는 방법을 강구하지 못하고, 홀로 자신의 능력을 다하는 사람은 하급 수준의 군주라고 한 것입니다. 즉, 어쩌면 군주 또는 리더가 아닌 것입니다. 여전히 신하이며, 여전히 실무자, 직원인 것입니다. 최소한 중급의 군주부터 리더라고 부를 수 있을 것입니다.

프로야구 감독과 코치는 아무리 답답해도 본인들이 직접 선수로 뛰지를 않습니다. 물론, 나이가 많아서이기도 합니다. 직접 선수로 뛰지 않는 대신 선수들을 지도합니다. 부진에 빠진 선발 투수의 투수 폼 교정을 시도하고, 멘탈을 강화시키고, 어떨 때는 2군으로 내려 보내는 인사 조치를 취하기도 합니다. 부진에 빠진 4번 타자의 타격 폼 교정을 위해 감독은 유능한 타격 코치를 데려와 일을 맡기기도 합니다. 그리고 그러한 지도의 결과로 그 투수와 타자의 개인 성적이 올라가고, 그에 비례해 우리 팀 승수가 올라가면 결국, 우리 팀은 한국시리즈 우승이나 준우승을 하게 됩니다. 감독인 내가 직접 선수로 뛴 것은 아니지만, 선수들이 창출해 낸 성과의 총합으로, 우리 팀의 최종 성적으로 감독은 성과평가를 받는데, 기업 조직의 리더 역시 이렇게 성과평가를 받아야 하는 구조입니다.

그런데 기업 조직의 리더들은 이러한 구조에 대한 이해가 의외로 부족합니다. 할 줄 아는 것과 잘하는 것이 실무자로서, 선수로서 직접 뛰는 것이어서 직접 일을 하려 합니다. 직접 일을 하지 않고 가르쳐야 하는데, 자신이 직접 일을 하는 것이 더 빠르고 효과적이라고 생각합니다. 한두 가지 일이야 그렇게 처리할 수도 있겠지만, 자신이 맡은 팀의 모든 일을 혼자 할 수는 없을 것입니다. 현역 선수 시절 스타플레이어였던 경력의 감독과 코치가 전혀 결이 다른, 훌륭한 관리자와 리더가 되는 길을 제 때에 제대로 배우지 못해 실패하는 경우를 많이 봅니다. 결국 답답함을 가지고 있었던, 팀장이 된 그 직원은 다시 영업 현장으로 돌아가길 희망하고 실제 많은 수의 직원들이 현장으로 복귀합니다.

그러므로 누구를 승진시켜야 하는 것도 이슈입니다. 실무자 때 잘했던 사람들은 여전히 실무자로서 조직에 기여할 수 있는 트랙을 만들어 줄 필요도 있습니다. 반면, 실무자 때는 별로였지만 일을 시키는 방법을 알고, 일을 가르치는 방법을 잘 알고 있는 사람이 있다면 그 사람을 리더로 승진시켜야 할지도 모릅니다. 프로스포츠계에서는 현역 시절 무명에 가까웠던 선수가 오히려 위대한 지도자가 되는 경우가 많습니다. 심지어, 도쿄올림픽 때의 우리나라 국가대표 여자배구팀의 감독처럼 선수 경력이 전혀 없었던 사람이 유능한 감독으로 평가 받는 경우도 있습니다.

두 번째 이유는 적절한 시점에 팀장이 받을 수 있는 교육기회가 없거나 부족하기 때문입니다. 1997년 IMF 구제금융기를 겪으면서 우리나라 대부분의 기업들은 엄청난 다운사이징을 했습니다. 조직도 축소되고, 사람은 줄고, 불필요하다고 생각하는 부분에 예산 감축 조치가 취해졌습니다. 리더 계층에 대한 교육 예산 역시 이때 많이 축소되었습니다. 교육 예산도 부족해졌을 뿐만 아니라, 사람도 많이 줄어서 일할 사람이 부족해진 현장을 오랜 시간 동안 비우기가 부담스러워졌습니다.

이에 따라, 1997년 이전 많게는 한 달, 적게는 일주일 정도 승진자 교육을 했던 기업들이 점점 교육 시간을 줄이게 되었습니다. 5일 → 4일(월요일 또는 금요일 하루는 사무실에 출근해 일을 하라는 의미) → 3일 → 1일로 줄어들어 승진자 대상 리더십 계층교육을 하루 6~8시간 정도로 끝내는 기업들이 다수입니다. 그것도 비대면 교육으로 요식행위나 간담회처럼 간단히 마치는 경우도 허다합니다. 또한, 그 시점 역시 적절하지 않아 어떤 리더의 경우는 리더가 된 후 6개월 뒤 또는 1년이 지난 뒤 교육을 받는 경우도 있고 어떤 리더들은 몇 년 뒤에 한 단계 위의 상위 계층 리더로 승진하기 전에 받기도 합니다.

리더로 승진한 전후 1~2개월 내의 시점에, 최소한 5일 이상의 교육을 통해 실무자 때와는 다른 리더의 역할에 대한 인식을 제고하고, 일을 시키는 방법, 조직의 성과를 관리하는 방법을 배우게 해야 합니다.

다음 그림의 프리드먼(Freedman, 2011)이 얘기한 것처럼, 실무자 때는 내가 잘했지만 리더가 된 지금 내가 폐기해야 할 역량은 무엇이며, 리더가 되었지만 여전히 유지해야 할 역량은 무엇이며, 리더가 되었으니 새롭게 추가해야 할 역량은 무엇인지에 대해 리더라면 가장 먼저 list-up해 보아야 합니다. 여기서부터가 제대로 된 리더십의 출발점입니다. 일하는 방식 변화의 시작점입니다.

리더의 폐기/유지/추가 역량

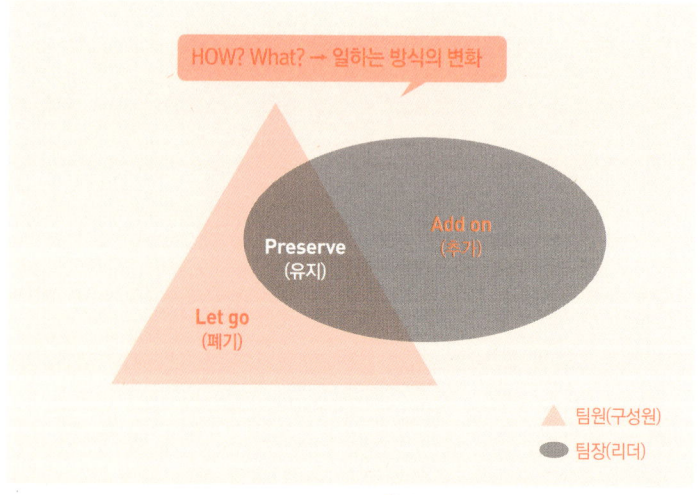

출처 : THE GOAL : 성과관리 리더십, p.56, 이재형 저

세 번째 이유는 조직체계 상의 문제입니다. 2000년대 초반 우리나라 기업 조직에 '실무형 팀장(여기에서의 팀장은 삼성전자에서의 팀장이 임원급인 것과는 달리, 일반적인 중간 관리자를 의미)'제도라는 것이 등장합니다. 2000년대 이전 기업 조직의 팀장들이 현업을 직접 수행하지 않고 팀원 관리라는 리더의 역할만 수행했던 것에 비해, 2000년대 초반 이후 등장한 '실무형 팀장'제도는 팀장이 구성원의 도움 없이 50% 정도 단독으로 현업 수행도 직접 하고, 50% 정도는 팀원 관리의 리더 역할을 수행하는 것을 말합니다.

2000년대 이전 팀장에게 팀원 관리의 역할 외에 다른 일을 맡기지 않았더니, 팀원 관리의 본연의 역할에 충실하였던 팀장들도 있었습니다. 하지만, 그 반대의 거의 아무런 일도 안하면서, 책임이 아닌 권한만을 누리려 하고, 자신의 승진한 지위만을 즐기면서 편하게 직장생활을 하는 팀장님들이 적지 않게 존재하였습니다. 솔직히 저자 역시도 지금으로부터 20여 년 전 그렇게 편하게 직장생활을 하는 팀장, 선배들을 보고 "나도 빨리 승진을 해서 저렇게 편하게 지내야겠다."고 결심을 했던 것 같습니다. 승진을 해서 구성원에 대한 책임을 지며, 어떤 다른 역할을 해보겠다는 선한 의지가 아니라, 단순히 지금보다 편하게 근무하고 싶다는 개인적 욕망이 더 지배적이었던 것입니다. 예전에는 정말 리더가 되면 더 편했습니다. 급여도 올라가고 권한도 커지고, 손과 발은 편해지고. 그래서 모두 다 리더가 되고자 했습니다. 그런데, 지금은 정반대입니다. 구성원보다 더 일이 많고, 혼자 야근하고, 모든 책임을 다 지고, 실무자의 일도 합니다. 또한, 이때에는 팀장들에게 3~4명의 소수 팀원들만 배치하여 관리하기도 어렵지 않았습니다.

20세기 초 현대 경영학의 초기 학자 중의 한 명인 페이욜(Fayol)은 리더 한 명당 적정한 구성원의 수를 사무직 노동자의 경우에는 4~5명, 생산직 노동자의 경우에는 8~20명이 적정하다고 하였는데, 페이욜이 주장하였던 것처럼 관리의 효율성을 위해 소수의 인원을 배치하였던 것입니다. 페이욜은 생산직 노동자들은 주로 몸으로 노동(오해가 없기를 바랍니다. 설명의 편의를 위해 보다 직설적인 표현을 하고자 합니다.)을 하는 사람이니, 그 숫자가 많아도 관리자가 일을 하는지 안하는지 관찰하고 확인할 수 있어서 그 숫자가 많아도 된다고 하였습니다. 반면에, 사무직 노동자들은 주로 PC 앞에 앉아 키보드를 치면서 노동을 하는 사람이라, PC 앞에 앉아 과연 일을 하는 것인지, 아니면 웹서핑, 인터넷쇼핑, 주식 거래, 동호회 행사계획 작성 등등을 하는 것인지 관리자가 한 번에 알 수 없으니, 관리의 효율성을 위해 그 숫자가 적어야 한다고 한 것입니다.

하지만, 사무직 노동의 경우에 리더 한 명당 구성원의 숫자를

4~5명으로 했을 때는 관리의 효율성은 극대화되겠지만, 리더인 관리자의 숫자가 생산직 노동의 경우와 비교해 지나치게 많아진다는 것이 가장 큰 문제였습니다. 기업 입장에서는 물고기를 잡는 사람보다 물고기를 세는 사람이 필요 이상으로 많아지면 각종 관리 비용(관리자 인건비, 전체를 취합하는 비용 등)을 포함한 전체 생산의 효율이 떨어질 것이기 때문에 고민이었습니다. 작은 단위의 관리 효율은 높아질 수 있는데, 기업 전체의 생산 효율은 떨어진다는 큰 문제가 있었던 것입니다.

이런 고민의 와중에 우리나라 기업 조직들이 1997년 IMF 구제금융을 겪습니다. IMF 구제금융을 겪으면서, 대규모 기업 구조조정과 인력 감축의 조치를 반강제적으로 할 수밖에 없었던 기업들은 이 기회를 놓치지 않고 중간 관리자제도에 대한 대규모 개혁을 시도합니다. '실무형 팀장'제도 이전에 먼저 많은 기업들은 중간 관리자를 없애거나 대폭 감축시키면서, 대부서제, 대팀제를 운용합니다. 리더 한 명당 많게는 수십 명, 수백 명의 구성원들을 매칭시켜 관리하게 만든 것입니다. 물론, 당연하게도 이렇게 조직체계를 개편하다 보니 리더 1명의 관리 부담이 엄청나게 많이 증가하게 됩니다.

즉, 중간 관리자에 해당하는 인건비 비용 등을 아껴 기업 전체의 생산 효율은 높였는데, 작은 단위의 관리 효율은 반대로 떨어지게 된 것입니다. 작은 단위의 관리 효율과 기업 전체의 생산 효율이 trade-off가 된 것입니다.

다음의 그림으로 설명이 가능합니다.

조직체계의 변화 모습 I

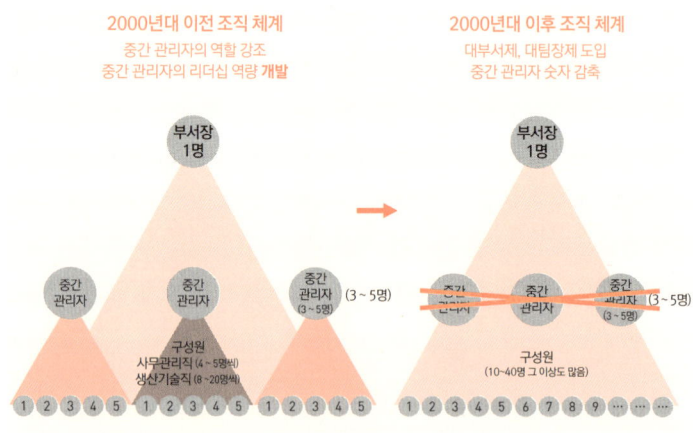

부서장 리더 1명에 대한 지나친 관리 부담과 관리 비효율. 구성원 숫자가 수십 명, 수백 명에 이르다 보니 제대로 된 면담을 할 수가 없었습니다. 목표 설정-중간 평가면담-최종 평가면담 등의 단계별 면담은 고사하고 제대도 된 면담을 한 번조차도 할 수 없는 상황에, 과연 누가 일을 잘하는 구성원이고, 누구는 일을 제대

로 못하는 구성원인지조차도 파악할 수 없는 상황이 된 것입니다. 앞서서 "리더십은 구성원에 대한 영향력 행사, 동기부여를 하는 것이다."라고 하였는데, 구성원 숫자가 너무 많아 영향력 행사, 동기부여를 할 수 있는 수단인 면담조차도 원활히 할 수 없는 상황이 된 것입니다.

그래서 이러한 혼란한 과도기를 짧게 끝내고, 한 번 더 기업 조직체계의 변화를 시도합니다. 중간 관리자제도를 부활시킨 것입니다. 부서장 아래에 중간 관리자를 3~5명을 두어, 중간 관리자 한 명당 10여 명 전후한 구성원들을 부서장 대신 관리하게 만든 것입니다. 부서장을 대신해 면담을 하고, 누가 일을 잘하는 구성원인지, 일을 잘못하는 구성원인지를 판단하여 평가등급을 주게 한 것입니다. 다시, 구성원과의 접점에서 관리 활동을 하는 '현장 리더(Front Line Leader)', 1차 평정자가 생기게 된 것입니다.

그 새롭게 변화된 모습은 다음의 그림과 같습니다.

조직체계의 변화 모습 II

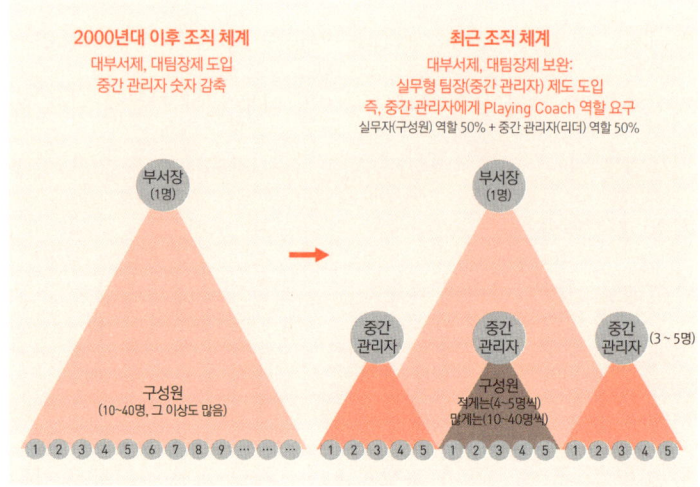

 모든 제도는 돌고 돈다고, 중간 관리자제도를 폐지했다가 또 얼마 지나지 않아 다시 제도를 부활시킨 것입니다. 상대평가제도의 단점, 문제점 때문에 절대평가제도를 도입했던 많은 글로벌 기업들이 다시 절대평가제도의 문제점 때문에 상대평가제도로 다시 돌아오는 것도 같은 이치일 것입니다. 모든 제도는 장점과 단점 모두를 가지고 있습니다. 그러므로 제도 선택은 단점보다 장점이 더 돋보여서 하는 것입니다. 하지만, 제도라는 것은 폐지했다가 다시 돌아온다 해도 과거의 그 제도 그대로 똑같은 모습으로 회귀하지는 않습니다. 역사라는 것도 매년 똑같은 루틴이 반복되는 것

같지만, 나중에 먼발치에서 바라보면 나선형으로 상향 회전하며 발전하는 것처럼 기업의 제도도 마찬가지입니다. 과거의 중간 관리자제도로 회귀하지 않고, 변형된 새로운 중간 관리자제도의 모습을 보입니다. 바로 전 그림의 모습처럼 '실무형 팀장(중간 관리자)' 제도가 이때 이러한 흐름 속에 탄생하게 된 것입니다. 과거에 구성원을 관리하는 리더의 역할 외에, 별도의 업무분장을 통해 실무자로서의 역할도 맡기고 있습니다.

농구 용어에 'Playing Coach'라는 말이 있습니다. 은퇴할 때가 거의 임박했지만 여전히 선수로서도 기량이 훌륭한 고참 선수에게, 나중에 완벽한 의미의 정식 코치를 시켜줄 테니까 당분간 몇 년 동안은 코치 역할도 하면서 Player로 선수로 뛰어 달라고 요청하는 경우가 있는데, 이렇게 활동하는 사람을 'Playing Coach'라고 합니다. 이 'Playing Coach' 제도는 잘만 활용하면 우리 팀의 시너지를 극대화할 수 있는 좋은 수단이 되겠지만, 잘못 운용하면 죽도 밥도 안되는 상황이 될 수도 있습니다. 후배 선수들이 슈팅 폼을 교정해 달라고 코치를 찾아갔을 때, 그 코치는 바쁘다고 하면서 정신 없이 자기 슈팅 연습만 하느라 나중에 오라고 할 수도 있습니다. 또한, 그렇게 얘기하면서도 후배들을 제 때 지도하지 못한 부담에 마음이 계속 불편해져 슈팅 연습에 집중하지 못할 수도 있습니다. 죽도 밥도 아닌 상황이 자주 발생합니다.

기업 조직 역시 마찬가지입니다. 어떤 기업은 70% : 30%로, 또 어떤 기업은 60% : 40%로, S전자의 경우에는 평균 50% : 50%로, 실무자로서의 일한 결과를 70%, 60%, 50%의 비중으로 평가하고, 리더로서 구성원 관리를 어떻게 해 그 팀이 어떤 성과를 냈는지를 30%, 40%, 50%의 비중으로 평가를 하는 실무형 팀장제도를 운영하고 있습니다. 구성원, Player의 역할을 70~50% 정도 수행하게 하고 리더, Coach의 역할을 30~50% 정도 수행해 이 비중으로 그 리더의 성과평가를 합니다. S전자의 경우에는 50% vs. 50%이지만, 오히려, 리더보다는 구성원의 역할 비중을 더 많이 요구하는 기업도 많습니다. 이러다 보니 농구의 경우와 같이 죽도 밥도 아닌 상황이 발생합니다. 저자가 강의 현장에서 또 물어봅니다. 중간 관리자인 팀장들에게 "자신에게 부여된 개인적인 일을 우선시하느냐?" 아니면, "리더이기 때문에 구성원 관리를 통해 성과 창출을 지원하는 일을 우선시하느냐?"고 둘 중 어느 것이냐고 말을 해달라고 합니다. S전자를 비롯해 많은 기업의 팀장들은 저자가 예상했던 대로 대부분 "자신의 개인적인 일을 우선시한다."고 답변을 합니다.

왜냐하면 내 개인적인 일은 내가 아니면 할 사람이 없으며, 내가 안하면 금방 일의 누락이 생깁니다. 그 누가 아닌 내가 책임을 져야 합니다. 그리고 구성원들이 다 퇴근한 다음에 혼자 남아서 야근하지 않으려면 미리미리 업무시간 중에 해 놓아야 합니다. 반면에, 구성원을 관리하는 일은 일단 내가 신경 쓰지 않아도 기본적으로는 구성원들이 알아서 일을 하는 경우가 대부분입니다. 일의 누락이 생기면 1차적으로는 그 일을 담당하고 있는 구성원이 책임을 지며, 리더인 나는 나중에 2차 관리 책임만 지면 되는 것입니다. 그래서 내 개인적인 일을 우선시하고 있습니다. 하지만, 내 개인적인 일은 급한 일이고, 구성원 관리하는 일은 중요한 일입니다.

〈성공하는 사람들의 7가지 습관〉의 저자인 스티븐 코비(Stephen Covey)가 급한 일보다는 중요한 일을 해야 한다고 한 것처럼, 리더는 급한 일보다 중요한 일에 더 초점을 맞추어야 합니다. 리더에게는 구성원 관리 업무가 더 본연의 기본적이면서 중요한 일입니다. 구성원 관리 외의 개인적인 일은 그 %, 비중과 상관없이 부수적인 일입니다.

또한, 구성원 관리 업무는 시간대, 타이밍이 중요합니다. 리더의 업무지도, 의사결정 등을 비롯해 리더에게 S.O.S.를 요청하는 구성원들이 일과 중에도 수도 없이 찾아옵니다. 그때마다 타이밍을 맞추어 구성원에게 도움을 주는 것이 아니라, 자신의 일을 먼저 하느라 바빠서 고개도 들지도 못하면서, "나중에, 나중에, 잠시 후에 보자."라는 말만 반복한다면, 구성원들은 실망할 것입니다. "리더는 있는데, 우리에게 도움을 주지 않는다. 무슨 일을 하느라 매번 저렇게 바쁜지 모르겠다. 저렇게 일할 바에는 승진을 하지를 말지. 실무자 때는 고성과자였던 것으로 알고 있는데, 훌륭한 관리자가 되는 공부는 못 한 것 같다." 이런 푸념과 뒷담화들을 할 것입니다. 이러다가 점심시간이 한참 지난 퇴근할 즈음에, 자기 일을 어느 정도 다 마무리한 리더가 오전에 도움 요청을 했던 구성원을 불러 아까 하려고 했던 얘기를 이제 하자고 하면, 그 구성원은 "이미 다 제가 알아서 처리했으니, 이젠 괜찮습니다."라고 할 것입니다. 그러면서 속으로는 "됐네. 이 사람아! 당신이 우리 팀에 와서 리더 역할하는 게 뭐야?"라고 할지도 모릅니다.

이렇게 리더는 계속 죽도 밥도 아닌 딜레마의 악순환 고리에 빠지게 됩니다. 리더가 되었는데, 리더십이 없다고 비난받을 것이며, 실무자의 일도 예전 실무자 때처럼 몰입을 제대로 하지 못하는 상황이라 일도 못한다고 평가받을 것입니다. 여기에 더해 부서장은 리더의 역할도 당연히 잘할 것을 요구하면서도, 종종 팀장을 불러 "이 일은 중요하니 팀원들한테 일을 다시 내려주지 말고, 당신이 직접 수행하고 나한테 직접 보고해 달라."하며 실무자의 역할을 부여합니다. 반면, 팀원들은 어떨 때는 업무지도, 의사결정 등의 리더 역할을 요청하면서도, 또 어떨 때는 "일손도 모자란데, 팀장이 할 일도 없으면서 자리에만 앉아 팀원들의 일도 분담하지 않고 논다."고 생각하며 실무자의 역할을 바랍니다.

하지만 앞으로가 더 문제일 수도 있습니다. 이런 이도 저도 아닌 리더의 역할을 몇 년 하다가 드디어 'Playing Coach'가 아닌 정식 Coach가 됩니다. 부서장이 되는 것입니다. 이제는 실무자의 역할을 안해도 되는 것입니다. 하지만 'Playing Coach' 역할만 하면서 실제로는 실무자의 역할에 더 집중했기 때문에 '리더의 역할'에 대한 고민과 공부가 부족했던 것이 문제가 됩니다. 부서장이 되어도 실무자처럼 일하며, 실무자들의 일에 지나치게 간섭을 많이 하는 '김 대리', '홍 대리'라는 별명이 붙는 부서장들이 많은데 바로 이런 이유 때문입니다. 리더의 역할을 모르니, 자꾸 실무자 때 했던 일만 하면서 밥값을 했다고 자위하려 하는 것입니다. 조직 입장에서는 일도 시키고 리더 역할도 시키는 '1타2피'의 정말 좋은 제도라고 생각해, 실무형 팀장제도를 도입한 것인데, 이제도 때문에 조직에 제대로 된 리더가 양성되지 못하고 있습니다.

70년대, 80년대 현장에서 노동자계층에 대한 노동 강요가 있었다면, 2010년대 이후에는 노동자계층이 아닌 이러한 중간 관리자 계층에 대한 1인 2역의 역할 부여 등을 비롯한 노동 강요가 있습니다. 히딩크 감독이 얘기했던 'Multi-Player'라는 개념에 대해 인간의 능력은 무한해서 여러 가지 일을 멀티하게 할 수 있는 것으로 생각하는 분들도 많지만, 저자의 생각은 조금 다릅니다. 사람은 일시적이라면 모르겠지만 결이 다른 두 가지, 세 가지 일을 동시에 하게 되면 한 가지 일도 제대로 할 수 없게 되며 정신적 스트레스도 크게 겪게 됩니다. 실무자로서 일과 사람을 관리하는 리더의 일은 분명 그 결이 크게 다른 일입니다.

물론, 이와 다르게 2000년대 이전이든 그 이후이든 예전의 구성원 관리 역할만 하는 중간 관리자제도를 여전히 운용하고 있는 기업들도 많습니다. 2000년대 이후 중간 관리자제도를 비롯한 새로운 조직체계의 변화를 시도하지 않았던 조직들입니다. 변화를 시도하지 않았기 때문에 실패도 하지 않았겠지만, 그만큼 시행착오를 통한 값진 경험 자산을 갖지 못했다는 단점도 있습니다. 물론, 이런 경험 자산을 얻기 위해 일부러 실패할 필요는 없겠습니다.

리더의 피드백 포인트 및 조치사항

2000년대 이전 조직의 중간 관리자, 리더들은 구성원 관리라는 리더의 역할은 외면한 채 출근해서 가만히 있거나, 지위와 그 지위에 따른 권한만을 즐기면서 누리는 리더였다면, 지금의 리더는 실무자 때처럼 PC를 치느라 손이 바쁜 리더, 즉 'Playing Coach' 역할을 하고 있습니다.

저자는 손이 바쁜 리더여서는 안된다고 생각합니다. 손 대신 구성원의 일하는 모습과 일하는 상황을 관찰하기 위해 눈이 바빠야 하고, 관찰의 결과, 성과 개선의 포인트가 발견된다면 이를 기록하고 불러서 면담을 해야 하므로 귀와 입이 바빠야 한다고 생각합니다. 물론, 경청 없이 리더의 요구 사항과 기대 사항만을 전달하는 일방적인 면담이 아니라, 코칭과 피드백을 해야 하기 때문에 입보다는 귀가 더 바빠야 합니다. 많이 듣고 질문을 하고 적절한 피드백을 해야 합니다. 물론, 더 승진해 임원의 지위에 오른 리더들은 외부자원을 확보하려면 회사 밖과 해외로 돌아다녀야 하기 때문에 눈과 귀, 입보다는 이제는 발이 더 바빠야 합니다.

하지만 저자의 생각과는 다르게 현시점에서의 중간 관리자들은 눈과 귀, 입보다는 여전히 손이 바쁩니다. 손은 그만 바쁘게 하고 그 시간에 구성원 관리라는 리더의 역할을 하게 해야 하는데, 그렇게 안되고 있습니다. 이렇게 된 원인은 여러 가지가 있겠지만, 그중 하나는 '불신'입니다. 2000년대 이전 조직과 경영진의 기대와는 달리, 조직의 리더들이 리더의 역할은 안하고 놀며 즐기는 모습을 보여 주면서, 조직과 경영진은 리더의 역할에 대해 크게 불신을 하게 됩니다. 그렇게 리더의 역할을 제대로 안하면서도 실무자보다 더 많은 연봉을 가져가는 모습을 보면서, 저렇게 방치하느니 실무자의 역할을 조금이라도 더 하게끔 해야겠다고 조직과 경영진은 판단을 하게 된 것입니다. 그래서 리더 역할 50%, 실무자 역할 50%의 'Playing Coach' 제도가 탄생한 것입니다.

이제 이 문제를 해결해야 합니다. 먼저 조직과 경영진은 현재와 다르게 앞으로는 리더와 리더의 역할에 대한 기본적인 신뢰를 바탕으로 리더가 리더의 일만을 온전히 제대로 할 수 있게 그에 걸맞은 환경을 만들어 주어야 합니다. 리더 역할 50%, 실무자 역할 50%로 리더의 평가를 하는 대신, 리더 역할 100%, 실무자 역할 0%로 리더를 평가해야 합니다. 조직과 경영진은 리더, 관리자의 역할, 구성원 관리를 어떻게 하는지만 감독하고 평가해야 합니다. 야구 감독과 코치가 선수들의 성적에 의해, 그 팀의 승수에 의해 평가를 받는 것처럼, 조직의 중간 관리자역시 자신의 실무 역량이 아닌 구성원에 대해 어떤 영향력을 행사하고 어떤 동기부여, 어떤 업무지도를 통해 구성원의 성과가 개선되었는지를 평가 받아야 합니다. 조직과 경영진이 나서서, 제도적으로 리더 역할 100%, 실무자 역할 0%로 리더가 평가 받을 수 있도록 만들어야 합니다. 제도는 일하는 사람의 일하는 속도와 방향, 움직임을 바꾸는 역할을 합니다. 리더의 평가제도가 리더 역할 100%, 실무자 역할 0%로 바뀐다면, 리더는 그에 맞추어 리더 역할 100%로 일을 하게 될 것입니다. 리더가 리더의 역할을 못한다고 그냥 놀게 두는 것이 싫어 리더의 역할 외에 실무자의 역할을 주기보다는, 리더의 역할에 대한 교육을 시키고, 리더의 역할에 대한 수행 정도를 정확히 평가하고 철저하게 감독해야 합니다. 그럼에도 불구하고, 리더의 자질이 더 이상 확보가 안되는 중간 관리자가 있다면, 실무자의 일을 더 줄 것이 아니라 아예 실무자의 일만을 하도록 리더의 자리에서 내려오게 하면 될 것입니다.

다음은 중간 관리자, 리더들이 이제부터라도 마땅히 해야 할 행동들입니다. 현재와 미래는 과거와 달리 중간 관리자가 언어적, 물리적 폭력 및 전결권, 평가권을 가지고 리더십을 행사하는 시대가 아닙니다. 이제 리더가 리더십을 발휘할 수 있는 유일무이한 수단은 '면담' 뿐입니다. 이 면담을 다른 말로 표현을 한다면 '코칭 및 피드백'이라고도 할 수 있습니다. 하지만 여기에서 면담 또는 코칭 및 피드백은 인사부서에서 시기와 면담내용 입력을 안내하는 정기 면담과는 많이 다른 것입니다. 그동안 인사부서에서 MBO의 프로세스 차원에서 목표 설정면담, 중간 평가면담, 최종 평가면담을 하라고 리더들에게 여러 차례 잔소리를 해왔습니다. 그럼에도 불구하고 바쁘다는 핑계로 면담을 안하거나 형식적으로 진행하는 중간 관리자가 많아, 불가피하게 인사부서에서 반강제적으로나마 면담을 하도록 일정과 시기를 통제합니다. 심지어는 인트라넷에 면담 내용 입력 메뉴를 만들어 입력하게 하는 것입니다. 하지만 이렇게 누군가에 이끌려 억지로 하게 되는 면담은 말 그대로 형식적인 면담이 될 수밖에 없습니다. 그 동안은 자기 일하느라 바빠, 각각의 구성원들이 어떻게 일하는지에 대해 관심을 기울일 수가 없었습니다. 그리고 인원도 많습니다. 인원이 많아 면담을 제대로 할 물리적 시간도 부족합니다. 실질적 면담이 아닌 신변잡기 식으로 돌아가는 얘기를 나누거나, 중간 관리자의 '라떼' 시절 얘기, 중간 관리자의 훈계 내지 요구사항만 일방적으로 전달하는 형식적 면담이 될 가능성이 매우 큽니다.

   제대로 된 면담이 되기 위해서는 제대로 된 준비가 필요합니다. 평소 일과 중 많은 시간을 들여 내가 담당하고 있는 구성원의 일하는 모습을 관찰해야 합니다. 구성원의 일하는 모습과 일하는 상황을 끊임없이 주시하고 관찰하다가, 특별한 성과 개선 사항을 발견하면 메모/기록해야 합니다. 인사부서에서 시켜서 하는 형식적인 면담의 경우, 메모/기록한 것이 없으니 "어떻게 일하고 있더라, 이제는 이렇게 일해야 한다."와 같은 얘기를 해줄 수 없는 것입니다. 중간 관리자들을 실무자 일로 바쁘게 하니 그런 일들을 핑계로 구성원의 일하는 모습과 일하는 상황을 주시/관찰하고 메모/기록할 시간이 없었다고 하는 것입니다. 그러면서 또 형식적인 면담만 진행되는 것이고 구성원들은 면담을 할 때마다 매번 같은 얘기의 반복에, 훈계만 듣고 실제 자신의 성과 개선에 도움되는 얘기는 못 들으니 면담을 싫어하는 것입니다. 리더의 리더십 역할에 대해서도 의심합니다. 리더가 리더의 역할을 못하면서, 구성원의 업무수행 진도만을 가지고 면담을 하자고 하면, 구성원의 업무 흐름을 끊고 방해만 할 뿐이지 도움이 된다고 생각하지는 않습니다.

면담은 중간 관리자인 리더의 필요에 의해 시작되어야 합니다. 인사부서에서 시켜서 하는 것이 아니라, 리더의 필요에 의해 실시되어야 합니다. 리더가 리더십을 발휘할 수 있는 유일무이한 수단은 '면담'이라고 하였습니다. 야구 감독과 코치는 선수의 플레이하는 상황과 모습을 주시하며 관찰합니다. 그리고 성적을 내지 못하는 포인트를 발견하고 메모/기록합니다. 그리고 바쁜 공수 교대시간에 잠깐 불러서 면담을 합니다. 성과 개선을 할 수 있도록 도움이 되는 피드백을 해 줍니다. 그리고 이 피드백을 받은 선수의 성적, 성과가 개선됩니다. 그 결과 그 영향으로 우리 팀의 승수가 많아집니다. 우리 팀은 우승을 하거나, 준우승을 합니다. 우리 팀이 우승 또는 준우승한 성적에 비례해 감독과 코치진의 내년 연봉이 올라가고 계약은 연장됩니다. 저자는 야구 감독과 코치의 경우가 기업 조직의 중간 관리자의 경우와 같다고 생각합니다.

물론 절대 연봉의 크기 차이는 있습니다. 하지만 일을 하고 성과를 내고, 성과를 평가 받은 프로세스는 동일하다고 생각합니다. 부서장과 팀장이 구성원의 일하는 상황과 모습을 주시했다가 관찰합니다. 그리고 성과를 내지 못하는 포인트를 발견하고 메모/기록합니다. 그리고 바쁜 업무시간 중에 잠깐 불러서 면담을 합니다. 성과 개선을 할 수 있도록 도움이 되는 피드백을 해 줍니다. 그리고 이 피드백을 받은 구성원의 성과가 개선됩니다. 그 결과, 그 영향으로 우리 팀의 성과가 더 커집니다. 우리 팀은 업적 1등을 하거나, 2등을 합니다. 우리 팀의 업적에 비례해 부서장과 팀장의 내년 연봉이 올라가고, 승진은 앞당겨 집니다. 리더는 이런 프로세스로 일을 하는 사람이어야 합니다.

리더가 승진을 하게 되면, 별도의 공간과 사무실을 주어 승진도 축하하고, 보상 차원에서 특별한 권리를 누릴 수 있도록 합니다. 하지만, 저자는 이러한 조치가 구성원과의 접점에서 리더를 멀어지게 해, 구성원의 일하는 모습과 상황을 주시/관찰/기록하지 못하게 하고, 면담도 못하게 한다고 생각합니다. 승진자에 대한 별도의 공간/사무실 제공은 특권/권한을 누려도 되겠다는 리더 마음의 일탈만을 가져올 뿐, 구성원 관리라는 리더 본연의 역할을 수행하는 데는 도움이 안됩니다.

저자는 테니스라는 운동을 하고 있습니다. 그동안 여러 명의 테니스 레슨 코치를 만났습니다. 그중 어떤 분은 레슨을 하면서 공만 토스해 주고, 거의 아무런 말도 해 주지 않았습니다. 반면에 어떤 분은 수시로 따로 불러 스윙 폼 교정에 대한 얘기도 해 주고, 무엇은 잘하는데, 또 무엇은 좀 부족하다며 그 무엇만 보완하면 되겠다는 식으로 칭찬도 해 주고, 희망도 주었습니다. 이 경우, 자주 하는 이 피드백이 잔소리로 느껴져 부담도 분명 되지만, 제 테니스 실력 향상에 도움이 되는 것 또한 인정 안할 수 없었습니다. 테니스 레슨 코치가 말을 안해 준다면, 레슨 받는 사람의 실력이 늘 수 없을 것입니다. 물론, 말도 해 주어야 하고 그 말이 나에게 도움이 된다는 신뢰도 쌓여야 합니다. 말은 많이 하지만, "아닌 것 같은데…" 하면서 속으로 받아들일 수 없는 내용이라면, 실력 없는 레슨 코치일 수도 있습니다. 당연히 테니스 실력 향상으로 이어지지도 않을 것입니다.

리더가 구성원에게 면담을 하면서 말을 못해 주거나 도움이 되는 적절한 피드백을 못하는 경우는 다음의 세 가지 경우 중 하나입니다.

첫 번째는 여러 차례 설명을 했던 대로 다른 일로 바빠서, 즉 농구 코치가 'Playing Coach'여서 자기 슈팅 연습하느라고 선수들에 대해 관찰/기록한 것이 없기 때문입니다. 관찰/기록한 것이 없어 면담을 진행할 소재가 없는 경우입니다. 세상 돌아가는 막연한 얘기만 할 뿐입니다. '라떼' 얘기만 할 뿐입니다.

두 번째는 내가 프로야구 어떤 팀의 타격 코치인데, 실제는 내가 투수 출신이기 때문입니다. 그래서 타자들에 대한 제대로 된 지도도 못하고, 해 줄 피드백도 없습니다. 진정한 프로의 세계인 프로야구 시장에서 이런 일은 존재하지 않을 것입니다. 내가 가고 싶은 어떤 팀의 투수 코치 자리가 다 차면, 다른 팀의 투수 코치로 가거나, 그것도 다 찼다면 자리가 빌 때까지 나는 쉴 수밖에 없을 것입니다. 실직 상태가 되는 것입니다. 그런데 원래 가고 싶어 했던 팀의 감독과 친분이 있어 잠시 타격 코치를 맡게 된 것입니다. 앞서서 얘기했던 것처럼, 진정한 프로의 세계에서 이런 일은 발생하지 않습니다.

하지만 같은 프로의 세계인 기업 조직에서는 이런 발생해서는 안되는 일들이 비일비재합니다. A라는 직무에만 한평생 근무했던 A직원이 A직무 팀장 자리가 이미 채워져, B직무로 이동해 팀장 직위를 수행합니다. 물론 B직무에 대한 스터디를 통해 B직무의 팀장 직위 수행을 잘하는 리더도 있을 것입니다. 하지만 내가 팀장인데 투수 출신이라 구성원이 필요로 하는 피드백을 해주지 못합니다. 즉, 해 주어야 하는 말을 못해 주는 경우가 많이 생깁니다. 이렇게 기업 조직 현장에는 무자격 타격 코치가 수없이 많이 존재합니다.

세 번째는 리더가 가만히 있어도, '면담(코칭과 피드백)'을 하지 않아도 우리 구성원들이 알아서 일을 잘하고 있기 때문에 굳이 말을 해줄 필요가 없다고 하는 경우입니다. 물론, 이런 경우도 있을 것입니다. 정말 행복한 리더일 수도 있습니다. 리더가 신경 쓰지 않아도 조직이 잘 돌아가고 있는 조직. 하지만, 과연 그럴까요? 리더인 나의 관찰력이 부족해 그렇게 문제가 없는 것처럼 보일 수도 있습니다. 백번 양보해 정말 그런 조직이 있다면 역설적으로 그 조직에는 리더가 굳이 필요 없다는 얘기도 성립합니다. 조직에 문제가 많지만 리더가 제대로 역할을 하지 못해 리더가 필요 없다는 '리더 무용론'처럼, 리더가 신경 쓸 필요가 없을 정도로 구성원들이 일을 잘해 문제가 없다면 리더가 없어도 될 것 같습니다.

Q3

PART I 제도의 운영과 코칭 및 피드백

구성원은 리더가 솔선수범하며 실무를 직접 담당하지 않으면, 일을 하지 않고 논다고 생각하며 더 나아가 리더에 대한 신뢰를 거둡니다. 그러다 보니, 제가 실무자인지? 관리자인지? 헷갈립니다. 리더가 되었다고는 하지만, 오로지 관리자 역할에만 집중하기가 쉽지 않은 상황입니다. 리더뿐만 아니라 구성원들에게도 리더의 역할과 어려움이 무엇인지 교육기회가 제공되어야 한다고 생각합니다.

>> **질문의 상황 맥락**

바로 앞 Q2의 질문과 답변을 통해, 우리나라 많은 기업들이 '실무형 팀장' 제도, 'Playing Coach' 제도를 운용하고 있기 때문에 발생하는 문제점에 대해 설명하였습니다. 기업 경영 측면에서 이 제도의 장점 역시 분명히 존재하겠지만, 리더가 여전히 실무자 역할에 매몰되어, 제대로 된 구성원 관리의 리더십 역할을 못하고 있고 이에 따라 기업 내에 인재 육성, 리더 양성도 원활히 이루어지지 못하고 있다는 얘기를 하였습니다.

이 질문의 경우는 특별히 '실무형 팀장' 제도를 운영하고 있지 않은 기업도 구성원의 압박 내지 요청에 의해, 또는 리더의 역할이 무엇인지 잘 모르는 상태에서 리더의 역할을 스스로도 잘못하고 있다는 판단에 의해 발생하기도 할 것입니다. 구성원의 눈치라도 안보기 위해 스스로 실무자의 일을 찾아 실무자의 일을 마구잡이로 돕게 되는 경우에 생기는 리더의 고민입니다.

>> 성과관리와 관련된 이론/사례

리더의 일과 실무자의 일, 이 둘 다를 모두 다 완벽하게 잘하면 정말 좋겠지만, 이도 저도 아닌 상태에서 이 두 가지 역할 모두에 최선을 다하지 못하고, 각각의 분야에서 성과를 제대로 창출해 내지 못할 수 있습니다. 상황이 이러하기 때문에 많은 리더들이 질문의 내용처럼 의견을 준 것입니다. "두 가지 역할을 동시에 하다 보니 두 가지 역할 모두에 충실하기가 어렵다.", "어떨 때는 리더의 역할이 부족하다고 했다가, 또 어떨 때는 노느니 실무자의 일이라도 일부 덜어가 해달라고 하니 그 장단에 매번 맞추기가 어렵다.", "이런 어려움에서 리더라면 어떤 역할을 해야 하는지 구성원에게도 교육을 시켜 달라." 오죽했으면 구성원들에게 리더를 대신하여 교육을 시켜달라는 요구까지 나왔을까? 라는 생각을 하며, 리더의 일과 실무자의 일을 동시에 수행하는, 멀티 플레이어 역할을 할 수밖에 없는 현직 모든 리더들에게 공감과 위로를 전합니다.

바로 앞의 질문과 답변을 통해 언급하기도 했던 기업 조직의 중간 관리자들이 겪는 어려움과 딜레마를 다시 정리해 보았습니다. 이 딜레마는 '실무형 팀장' 제도의 운용 여부와 상관없이 발생하는 공통적인 현상입니다.

구성원 입장에서의 비판 또는 요구

"리더가 되었으면 실무자 때와는 다른 구성원 관리의 역량을 보여 줘야 하는데, 여전히 실무자처럼 일한다."

"아무리 리더라지만, 실무자들이 바쁠 때는 실무자의 일을 일부라도 해 주었으면 좋겠다. 실무를 통한 모범을 보여 주었으면 싶다."

팀장의 상사인 부서장 입장에서의 비판 또는 요구

"리더가 되었으면 실무자 때와는 다른 구성원 관리의 역량을 보여 줘야 하는데, 여전히 자리에 앉아 실무자처럼 일하네."

(구성원과 동일한 내용의 비판)

"이건 정말 중요한 과제라 팀장이 직접 해 주었으면 하는데, 그것까지 구성원들에게 배분을 하고, 관리/감독만 하려고 하네."

중간 관리자인 팀장의 현실과 하소연

"실무자 일을 놓고 싶은데, 계속 무슨 일만 생기면 나를 부르고 나한테 책임을 묻는다."
"구성원들에게 넘길 수 없는 일들이 많이 내려온다."
"부서장이 내가 직접 해 주었으면 하는 분위기를 형성한다."
"납기 때문에 내가 나서지 않을 수 없다."

저자의 전작에서도 소개하였던 사례를 다시 공유하겠습니다. 리더와 구성원 각각의 역할과 업무 배분은 어떻게 이루어져야 하는지에 대한 사례입니다.

"팀장님! 지난번에 보고서 작성하는 것 도와주셨지요? 이번에도 팀장님께서 좀 맡아주셨으면 합니다."

얼마 전 팀원들이 담당하고 있는 전략기획 보고서 작성을 팀원들이 힘들어 하는 것 같아, 개인 선의로 팀장이 직접 일부를 도운 적이 있었습니다. 하지만, 또 보고서를 작성해야 할 시기가 오자 팀원들은 당연하다는 듯이 팀장에게 도움을 요청합니다.

팀장은 이에 독백합니다.

'이번에도 또 해달라고? 팀원들 모두가 그렇게 생각하나? 참,

어이가 없네. 나를 완전히 노는 사람이라고 생각하는 건가. 보고서 작성이야 내용을 제일 잘 아는 자신들이 해야지… 어쩌다 이런 상황이 되어 버렸지? 선의로 한 번 도왔던 것인데, 이젠 완전히 내 일이 되어 버렸네.'

이렇듯 팀장으로서 장/단기적인 팀 성과를 위해 과연 실무 지원은 어디까지 해야 할까요?

팀장은 혼자 일하는 사람도, 홀로 성과를 내는 사람도 아닙니다. 팀장은 다른 사람에 대한 영향력 행사를 통해, 자신과 그들이 속한 조직이 최대한의 성과를 내도록 리더의 역할을 해야 합니다. 하지만 많은 리더가 이러한 사람 관리, 성과관리를 어떻게 해야 하는지 잘 모르는 상태에서 팀장이 됩니다. 물론 팀장 또한 당황스럽고 힘들 겁니다. 그리고 '뭘 해야 하는지 잘 모르는 팀장' 또한 편한 상황은 아닙니다. '실무를 하지 않는다.'라는 사실 때문에 때로는 오해를 받는 예도 있습니다. 심지어 팀장을 '하는 일 없이 빈둥거리고 웹서핑이나 하며 형식적인 결재만 하고 밥이나 먹으러 가자고 조르는' 그런 이미지로 인식하는 팀원들이 있을지도 모릅니다.

위의 사례와 같은 상황에서 팀장 자신의 마음은 여전히 불편하므로 팀원들의 눈치를 자연스럽게 보게 됩니다. 그렇다고 팀원들의 일을 나누어 달라고 할 수도 없고 고민이 될 겁니다. 이런 상황을 두 가지 부류로 나누어 살펴보겠습니다.

상황 1

"그렇다고, 내가 팀원들 일을 직접 할 수는 없잖아. 또 내가 어떻게 팀장이 되었는데, 팀장이 되면 좀 나아지고 편한 것도 있어야지. 직접 워딩하며 보고서 작성은 안해도 되니 편하긴 하네. 역시 팀장이 되길 잘했어."

팀원들이 다들 일하느라 고생하는 것 같아 처음에는 눈치도 보이고 미안함도 느끼지만, 이 역시도 반복이 되면 관성이 생기고 무뎌집니다. 그러면서 이 상황을 '어쩔 수 없는 일'로 여기면서, 팀원들의 일을 돕지도 않고, 팀장의 역할도 제대로 수행하지 못하는 다시 말해 '리더십 부재'의 팀장이 되어 버립니다.

상황 2

반대로, "팀장이 되니, 시간적인 여유가 좀 생기네. 팀원들에게 눈치도 보이고 미안하기도 하니, 팀원들의 일 일부를 내가 직접 해야지."

이는 (상황 1)보다는 조금 나아 보입니다. 하지만 이 또한 팀장이 팀장으로서 해야 할 일을 제대로 못하게 되는 결과를 초래합니다. 어쩌다 한 번 팀원들의 일을 대신하면 팀장은 고생하는 팀원들의 일을 도와준다고 생각할 수 있겠지만 팀원들의 생각은 많이 다릅니다. 바로 이제 "이 일은 내가 하는 것이 아니고, 팀장이 하는 것이다."라고 여기는 것입니다. 그렇게 되어 버리면 정말 앞으로도 계속 이 일은 팀장이 해야 할지도 모릅니다. 특별한 상황, 명분, 이유 없이 팀원들의 일을 대신해 주는 것과 같은 호의를 베풀면 상대방은 처음에는 고마워하겠지만, 나중에 이게 반복되면 그때는 이러한 호의를 당연하다고 생각합니다. 특별히 고마워하지도 않습니다. 자녀에게 용돈을 주는 것도 마찬가지입니다. 처음에는 고마워하지만 이게 반복되면 당연한 것으로 여기고, 혹시나 당연히 받아야 할 용돈을 못받게 되는 상황이 초래되면 오히려 더 크게 불만스러워 합니다.

결과적으로 팀원들은 "팀장이 어쩌다 일을 도와주어서 고맙다."라는 생각은 안하고, 계속 그 일은 팀장이 할 일로 여기게 될 수 있으며 자신들이 직접 하려 하지 않을 것입니다. 여기에 더해, 팀원은 팀장이 시간적인 여유가 많다고 여기게 되어 다른 일까지도 더 해 달라고 요청할 수도 있습니다. 결국 이런 상황이 반복되다 보면 팀장은 여전히 팀원 수준의 일을 많이 하게 됩니다. 팀원들의 일을 지원한답시고 정작 팀장으로서 해야 할 중요한 일은 무엇인지도 모른 채, 하지 못하게 되어 버립니다. 그래서 '요즘 팀장들은 승진해도 팀장과 팀원의 중간 수준'이라느니 하는 자조 섞인 말들을 하기도 합니다.

리더의 피드백 포인트 및 조치사항

하지만 이상과 같은 모든 상황은 모두 다 팀장이 자초한 일입니다. 이렇게 되지 않으려면 팀장이 되기 전부터 팀장으로서의 명확한 자기 역할을 확립해 놓아야 합니다. '누군가 교육해 주겠지' 혹은 '누군가 알려 주겠지'하는 소극적인 생각에서 벗어나, 팀장의 역할과 책임을 스스로 깨닫고자 노력하고 찾아내어 자신의 스타일에 맞게 정립시켜야 놓아야 합니다. 그래야 팀원들에게도 "나는 이러한 역할을 하는 사람이고, 이렇게 할 것입니다. 그리고 당신들은 이러한 일들을 하는 사람들이어야 합니다."와 같이 팀장으로서의 선언과 리더-구성원 간 상호합의가 가능해집니다. 위와 같은 상황이 벌어지지 않으려면 '팀장(리더)-팀원(구성원)은 각각 무슨 일을 하는 사람인지에 대한 선언과 합의'가 필요합니다.

그렇다면 팀장은 팀원일 때와는 다르게 어떤 역할이 필요할까요? 크게 네 가지 역할을 수행해야 합니다.

첫째, 자기 관리에 대한 역할이 있습니다. 이는 팀원일 때의 역할과 크게 다르지는 않습니다. 끊임없는 자기 계발과 문제해결력, 전문성, 혁신성 등을 갖추어야 합니다. 모든 경우에 있어 그럴 수는 없겠지만, 팀장의 업무에 대한 경험과 전문성은 팀원 대부분보다 우월해야 합니다. 팀장은 팀원에 대해 가르치는 일, 즉 OJT와 코칭 업무도 수행해야 하기 때문입니다.

둘째, 사람 관리에 대한 역할이 있습니다. 구성원 육성을 위해 의사소통, 동기부여, 관계 형성, 협업과 팀워크 능력을 개발해야 합니다. 조직의 리더는 구성원의 성장에 관심을 두고 자기 관리 외에 사람 관리까지 가능해야 보통의 리더를 넘어 뛰어나고 훌륭한 리더로서 평가받을 수 있을 것입니다.

셋째, 일 관리에 대한 역할이 있습니다. 팀원일 때와는 또 다르게 성과 달성에 더 집중해야 합니다. 도전적 목표를 설정하고 그 결과에 대한 책임을 져야 합니다. 팀장 역시 일하는 사람입니다. 팀장은 일 관리를 통해 더욱 안정적으로 완벽하게 목표를 달성하고 성과를 창출해야 합니다. 자신의 팀이 일에 있어 탁월함을 발휘하게 해야 합니다.

넷째, 조직 관리에 대한 역할이 있습니다. 조직의 미션과 비전, 전략을 늘 염두에 두고, 변화를 선도하며 내부와 외부 간의 연결자 역할을 해야 합니다. 여기서부터는 경영자적 리더의 역할을 준비하고 수행해야 하는 단계입니다. 단위 조직 관리를 넘어 팀 간, 본부 간, 나아가 회사 밖에 이르기까지 리더십을 발휘할 준비를 사전에 미리미리 해야 합니다.

반복해 설명하지만, 리더는 다른 사람(구성원, 팀원, 부하 직원 등)에 대한 영향력 행사, 동기부여를 통해 그 다른 사람이 성과를 창출하게 하고 그 다른 사람이 낸 성과로서 자신의 성과를 평가받는 사람입니다. 직접 성과를 내기 위해 솔선수범하는 사람이 아닙니다. 구성원의 성과를 관리하고 창출하게 하는 사람입니다. 그러기 위해서는 자기 관리를 넘어 사람 관리, 일 관리, 조직 관리의 역할을 새롭게 배워야 합니다.

조직에서 가장 쉬운 일은 자기 혼자 열심히 해서 목표를 달성하고 성과를 창출하는 것이라고 합니다. 실무자들이 이렇게 일을 합니다. 다음으로 좀 어려운 일은 혼자 일하는 것이 아니라, 동료들과 마음도 맞추고 손발을 맞추어 성과를 창출하는 것이라고 합니다. 실무자들이 다른 동료 실무자들과 팀을 이루어 협업을 통해 일을 하는 경우입니다. 의외로 협업은 쉽지 않습니다. 태생적으로 협업에 대한 훈련이 안되어 있을 수도 있고 마음이 안 맞고 일하는 방식이 달라 발생하는 갈등, 무임 승차자와 같은 일 외적인 문제도 동시에 해결해야 하기 때문입니다. 마지막으로 조직에서 가장 어려운 일은 나는 직접 일을 안하면서 다른 사람에 대한 영향력 행사를 통해 그 다른 사람이 일을 잘하게 만드는 것입니다. 이렇게 일하는 사람들이 바로 관리자, 리더이며 리더십에 대한 정의의 내용도 이것입니다.

이러한 일들을 하기 위해서는 기업의 교육체계에 중간 관리자 과정 외에 '중간 관리자 예비과정'이 있다면 가장 좋을 것입니다. 중간 관리자가 되었을 때는 이미 늦을 수 있기 때문입니다. 군 장교의 경우, 소대장에서 중대장으로 역할이 바뀌었을 때, 위관급 장교에서 영관급 장교로 지위가 달라졌을 때, 짧게는 몇 개월에서 길게는 1년까지 바뀌는 역할과 지위에 대한 전환 교육을 장기간 시킵니다. 물론, 인력 풀의 규모가 민간기업과는 달라서 이것이 가능할 수도 있습니다. 하지만 인력 풀을 비롯한 다른 여러 여건을 갖추지 못하더라도 리더의 역할을 제대로 수행하기 위해 필요하다면 장기간의 전환교육이 마련되어야 할 것입니다. 중간 관리자 예비과정은 장기교육으로 진행하여야 할 것입니다.

  동시에 실무자인 구성원들이 리더들에게 중구난방 식의 요구와 기대를 하지 않도록 구성원 계층에 대한 교육 시, 상사인 리더들이 어떠한 역할을 하는 사람들이고 그러므로 리더들에게 어떠한 기대와 어떠한 업무지도 요청을 해야 하는지에 대해 역지사지(易地思之) 관점의 팔로워십에 대해 알려 주기도 해야 합니다. 현재의 교육체계는 바쁘다는 핑계로 현장에 사람이 없어 공백을 최소화해야 한다는 논리로 정말 필요한 교육을 시키지 않고 있습니다. 리더에게는 리더이기 때문에 "어떠한 역할을 하여야 하는지?" 그리고 구성원들은 그런 리더의 역할에 대한 이해를 토대로 "어떠한 기대와 어떠한 업무지도 요청을 해야 하는지?"에 대해 해당 지위에 도달하기 전 또는 도달하자마자 교육을 시켜야 하는데, 그러지를 못하고 뒤늦게 교육을 시키거나 그냥 넘어가고 있습니다. 리더와 구성원들은 알아서 자기가 짐작하고 추정한 대로 자신의 역할을 수행하고 있으며 그러다 보니 시행착오의 비용 역시 매번 크게 발생하고 있습니다. 학습과 교육의 유익 중 하나는 시행착오의 오류와 비용을 크게 줄일 수 있다는 것인데, 제때 교육을 시키지 않아 리더와 구성원들은 교정과 개선 없이 있는 그대로 시행착오를 반복하고 비용을 낭비하고 있습니다.

Q4

PART I 제도의 운영과 코칭 및 피드백

면담이 중요하다는 얘기를 정말 많이 듣고 있습니다. 처음에는 반신반의했지만 이제는 저도 면담을 제대로 해야겠다는 생각을 합니다. 그런데 이제는 제가 면담을 하자고 해도 구성원들이 면담을 싫어합니다. 안하려고 합니다. 어떻게 면담을 해야 할까요?

>> **질문의 상황 맥락**

인사부서의 통제에 의해 반강제적으로 실시하였던 면담이 아니라, 이제는 면담의 필요성과 중요성에 대한 깨달음으로 리더가 리더 스스로 필요에 의해 면담을 실시하려고 합니다. 하지만 시간은 조금 더 필요한 것 같습니다.

평소 엄하기만 하고 공부하라고 잔소리만 했던 아빠가 어느 날 '아버지 학교'에 다녀온 뒤, 변화된 모습을 보입니다. 아들에게 마음을 열고 다가가기 시작한 것입니다. 아들과 내면의 교감을 통해 제대로 된 부자 간의 대화를 이루어 내 보려고 하는데, 아들이 쉽게 마음의 문을 열지 않는 것과 거의 동일한 경우입니다.

그동안 마음의 교감도 없고 내용도 없는 형식적인 면담에 익숙해져 있는 구성원들은 일하는 과정 중에 일의 흐름을 뺏겨 일이 방해를 받는다 생각하고 성과 개선에 도움이 되는 정말 필요한 얘기가 아닌 잔소리를 듣는다고 생각하기 때문에 면담을 싫어하고 부담스러워하며 회피하려는 반응을 보입니다. 구체적으로 지금과는 달리 어떻게 일을 해야지 지금보다 나은 성과를 창출할 수 있는지에 대한 솔루션을 배우고 싶은데 일하는 방법에 대한 업무지도, 즉 과정에 관한 얘기 대신, 최종 결과물, 목표, 실적에 대한 강조의 얘기만 들어 왔습니다. 구성원들도 이미 다 알고 있는 최종 목표, 실적에 관한 얘기를 반복해서 다시 듣고 부담만 더 갖게 되는 자리가 면담이라는 생각에 이 시간과 이 자리를 반기지 않는 것입니다.

>> 성과관리와 관련된 이론/사례

구성원과의 성과관리 면담을 위한 모델을 소개하고자 합니다. GROW 면담코칭 모델입니다. 이 모델은 다음과 같이 네 단계로 면담의 흐름과 내용을 나누어 면담을 진행하는 방법입니다. 연도 중 실시되는 수시/상시/중간 평가면담의 상황을 가정해 보겠습니다.

그리고 먼저 코칭의 가정, 기본 철학에 관해 설명하고자 합니다. 첫째, 코칭은 코치의 도움을 받는 상대방에게 문제해결을 위한 잠재능력이 있다고 가정합니다. 상대방이 지금 현재는 코치의 도움을 받는 부족한 존재, 의존적 존재일지는 모르지만 기본적으로는 관련 문제의 해결을 위한 능력을 내면에 보유하고 있다고 생각합니다. 다만, 그러한 잠재능력을 일깨우기 위해 코치는 입에 무엇인가를 떠먹여 주는 것이 아니라, 스스로가 자신의 잠재능력을 깨닫고 활용할 수 있도록 적절한 질문을 던지고 이끄는 역할만 합니다.

둘째, 비슷한 내용일 수도 있겠지만 코칭은 모든 문제의 해답은 코치가 아닌 상대방이 가지고 있다고 생각합니다. 다만, 상대방 본인이 해답을 가지고 있다는 사실조차도 인지하고 있지 못하는 경우가 대부분입니다. 상대방이 해답을 가지고 있다는 사실을 코치의 질문에 의해 알게 하고 그 해답을 통해 상대방 스스로가 문제해결을 향해 나아가게 하는 것, 이것이 또 코칭과 코치의 역할입니다.

각 단계별로 코치가 어떠한 역할을 하고 어떠한 질문을 던져야 하는지 정리해 보았습니다.

G(Goal) : **'구체적인 성과목표'를 다시금 인식시킵니다.**

이 단계에서 팀장이 구성원에게 할 수 있는 질문은 아래와 같습니다.

"지금 하는 일의 목표는 무엇인가요?

"지금 하는 일 중에서 가장 중요하게 생각하는 부분은 무엇인가요?"

R(Reality) : **'현재의 성과 추진상황'을 객관적으로 바라보게 합니다.**

이 단계에서 팀장이 구성원에게 할 수 있는 질문은 아래와 같습니다.

"지금 업무의 진도율은 어떻게 되나요?"

"업무 진행과 관련한 어려운 점은 무엇입니까?"

O(Option) : **성과목표 달성을 위한 '발전적 대안'을 모색하게 합니다.**

앞 단계에서 성과 추진상의 문제점과 어려운 점이 확인되었다면, 이 단계에서 팀장이 구성원에게 할 수 있는 질문은 아래와 같습니다.

"앞에서 언급한 어려운 점을 어떻게 해결할 생각입니까?"

"목표 달성을 위해서 지금 당장, 가장 먼저 해야 할 행동은 무엇입니까?"

W(Will) : **마지막 단계로 성과목표의 최종 달성을 위한 '구성원의 실행**

> **의지'를 다지게 합니다.**
> 이 단계에서 팀장이 구성원에게 할 수 있는 질문은 아래와 같습니다.
> "당신이 그렇게 하기 위해 팀장인 내가 무엇을 더 도와주면 좋을까요?"
> "2주 후에 다시 진행 경과를 확인해 봅시다. 그땐 무엇을 확인(측정)할 수 있을까요?

이러한 GROW 코칭 대화법을 진행할 때에도 몇 가지 유의할 사항이 있습니다. **첫째, 팀장이 주도하면서도 구성원이 말을 많이 하게 해야 합니다.** 그러기 위해 폐쇄형 질문이 아닌 'How'로 묻는 개방형 질문법을 사용합니다. 팀장은 How로 질문을 하고 구성원은 그에 대한 답변을 궁리하면서 Goal과 Reality를 다시금 머릿속에 새길 것이며, 자신의 언어로 Option과 Will에 관해 얘기하면서 실행을 위한 솔루션과 실행 의지를 스스로 다질 것입니다. **둘째, 팀장들은 위 질문 예시를 그대로 읽지는 말아야 합니다. 질문 예시를 있는 그대로 또박또박 책 읽듯이 하는 것이 아니라, 평소 말하는 것처럼 자연스럽게 질문해야 합니다.** 자신의 언어 스타일에 위 질문 예시를 잘 풀고 녹여서 말하듯이 질문을 던져야 합니다. **셋째, 기본적으로는 G → R → O → W 순으로 면담을 진행해 나가되 꼭 이 순서를 지킬 필요는 없습니다.** 너무 지나치게 배운 그대로 기계적으로 G → R → O → W의 순서를 지키기보다는 상황에 따라 자연스럽게 이 순서들을 바꾸어도 무방합니다. R, Reality 현재의 성과 추진상황을 먼저 확인하고 G, Goal 구체적인 성과목표를 거꾸로 확인해 보아도 전혀 문제없습니다. 다만, 리더-구성원 간 면담은 'Rapport 형성단계'의 사적인 얘기(친밀감 형성을 위한 날씨, 식사, 건강, 자녀교육 등에 대한 얘기)를 제외하고는 기본적으로는 공적인 얘기를 주고받아야 하는 공적인 시간입니다. 공적인 시간, 공적인 면담이기에 뭐가 되었건 간에 순서와 상관없이 리더와 구성원은 일에 대한 얘기를 하게 될 것입니다. 목표와 현재의 진도, 실적 추진에 어려운 점이 있다면 문제해결을 위한 대안에 대해 순서와 상관없이 얘기를 나누기를 바랍니다. 넷째, 마치 팀장이 대단히 높은 존재라도 되는 것처럼 권위적인 질문, 추상적이고 모호한 질문을 던져서는 안됩니다. 다음과 같은 팀장의 질문이 있습니다.

"당신이 최선을 다하도록 하려면 내가 어떻게 도와줄 수 있을까요?"

교과서적으로 위 질문은 세 가지 장점이 있다고 합니다. "적어도 그 사람이 최선을 다할 능력이 있다는 것을 인정할 수 있다. 그 사람이 자신의 성과를 평가하도록 할 수 있다. 추가적인 개선에 관련된 논의를 시작할 수 있다." 얼핏 읽어보면, 맞는 얘기 같습니다.

하지만 저자인 저는 좀 다른 생각입니다. 저는 이 질문을 읽으면서 내가 구성원이라면 화가 나거나 기분이 나쁠 수도 있겠다는 생각을 해보았습니다. 이 질문은 구성원에게 "당신은 지금 최선을 다하고 있지 않다. 당신은 지금 열심히 일하고 있지 않다. 그러니 내가 어떻게 혼을 내줘야 일을 제대로 할 것인가? 그렇게 제대로 일하지 않았다가는 큰 대가를 치를 것이다."라는 질책과 비난, 협박을 내포하고 있습니다.

이런 권위적인 질문, 위에서 아래로 내려다보는 질문을 하지 않도록 미리 어떤 질문을 할지 만들어 보고 시험/검증을 해 볼 필요가 있습니다. 이런 질문에 구성원들은 또 이렇게 역질문을 할지도 모릅니다. 2020년 개봉된 영화 '남산의 부장들'에 나오는 대사입니다. "각하! 제가 어떻게 하길 원하십니까?" 구성원들은 "팀장님! 제가 어떻게 하길 원하십니까? 저는 이미 최선을 다하고 있는데요…" 하고 당돌하게 물어볼 수도 있습니다. 물론 이상적으로는 고성과를 내는 구성원은 성과관리/성과평가를 하는 팀장이 구성원에게 원하는 것을 말하기도 전에 알아서 가져가는 사람일 것입니다.

리더의 피드백 포인트 및 조치사항

[1] 면담에 앞서 올바른 경청의 방법에 대해 알려 드립니다.

리더는 면담 시간의 90% 이상을 상대방 말의 경청에 사용하여야 합니다. 경청에는 다음 그림과 같이 두 가지 방법이 있다고 합니다. '지지적 듣기'와 '비판적 듣기'가 그 두 가지입니다. 먼저 비판적 듣기입니다. 모든 사람은 알고 있는 상대방에 대해 긍정적이든 부정적이든 선입견, 편견, 고정관념이 있습니다.

상황을 하나 만들어 보겠습니다. 팀장이 평소에 탐탁지 않게 생각하고 있던 구성원 중 한 명이 긴급하게 면담을 요청합니다. 헐레벌떡대며 쫓아와 큰일 났으니 문제해결을 위해 팀장님이 빨리 의사결정을 해달라고 합니다. 면담 요청을 받은 팀장은 아무리 마음에 들지 않는 구성원의 면담일지라도 거절할 수는 없는 위치이니 일단 면담에 응하기로 합니다. "그래, 어떤 상황, 어떤 얘기를 하려고 하는 거지?" 하며 일단 구성원의 얘기를 듣기 시작합니다. 하지만, 겉으로는 듣는 척하고 있지만 실제로는 딴생각뿐입니다.

다음의 그림과 같이 상대방에 대한 선입견, 편견, 고정관념으로 인해 팀장은 '비판자의 마음'을 가지고, "이 친구, 도대체 지금 이 상황을 정말 제대로 이해하고 있는 것 맞나?", "이거 아닌데… 지금 무슨 소리를 하고 있는 거지?", "아니, 이걸 지금 하겠다고 하는데, 그럼 진작에 했어야

지. 지난번엔 왜 안한 거야?" 하며 머릿속으로, 마음속으로 딴생각을 하며 건성으로 구성원의 얘기를 들을 뿐입니다. 구성원의 얘기를 듣기 전부터 중립성을 잃고 생각이 차단되며 상대방의 얘기를 제대로 들어보지도 않고 자신만의 예단을 하게 됩니다. 상대방에 대한 질문이 항상 좋은 것만은 아닙니다. 이렇게 상대방의 얘기에 더 이상 집중하지 못하고 말을 끊기 위해 하는 것이 질문이 될 수 있습니다. 이것이 '비판적 듣기'입니다.

경청의 방법 : 지지적 듣기 vs 비판적 듣기

구분	지지적 듣기	비판적 듣기
개념	• 생각의 동반자 → 발전적 생각의 시작점 • 문제해결을 위한 호기심의 마음으로 듣기 • 구성원의 생각에 동행하기 위한 질문	• 비판자의 마음 → 생각의 차단 • 중립성을 갖지 못하고 미리 예단 • 구성원의 생각을 차단하는 추궁 질문
질문	• 내가 더 알아야 하는 것은 무엇이 있을까? • 실행을 하는데 있어서 제거해야 하는 방해 요인은 무엇이 있을까? • 하고 있는 일을 더 가치 있게 만들려면 무엇을 하면 좋을까?	• 상황을 제대로 이해한 것 맞나? • 아닌데… 지금 무슨 소리를 하는 거지? • 이게 가능하다면, 지난 번에는 왜 안된 거지?

출처 : THE 커뮤니케이션, pp.221-222, 서정현 저

저자의 경험을 예로 들어 보겠습니다. 현재에도 보험회사에 근무하신 많은 분들께는 어쩌면 실례가 되는 내용일 수도 있어 미리 양해를

구하고자 합니다. 얼마 전 저자가 15년 전 가입한 연금보험회사의 라이프 플래너(생활 설계사)로부터 연락을 받았습니다. 라이프 플래너가 바뀌었다고 하면서, 저를 한 번 만나 사인 받을 것이 있다고 하였습니다. 눈치를 보니 굳이 만날 필요는 없어 보였는데 아마도 사인을 받고 인사를 주고받는 것 외에 다른 목적과 의도가 있는 것처럼 보였습니다. 아마도 만나서 이런저런 얘기를 나누다가 제 보장내역에 대한 컨설팅도 해 주고 부족한 부분을 얘기해 주면서 그 부족한 부분을 메울 수 있는 새로운 보험 상품에 대한 권유가 있지 않을까 예상해 보았습니다. 물론, 이러한 제 생각 역시 선입견, 편견, 고정관념일 수 있습니다.

하지만 이러한 선입견 때문에 저 역시 라이프 플래너와의 1시간 미팅에 '비판자의 마음'을 갖게 된 것입니다. 제 보장내역에 대한 컨설팅 그리고 그 외의 이런저런 얘기들 모두가 저에게 새로운 보험 상품을 가입시키려는 의도로 판단되어 라이프 플래너의 말을 더 들으려고 하지 않았던 것입니다. "당신이 이런저런 말을 많이 하지만 내가 당신 말에 넘어가나 봐라." 하는 굳은 각오로 설득당하지 않는 데에만 집중하였던 것입니다. 결국, 다른 생각을 하며 시계를 보던 저자는 한 시간 만에 라이프 플래너와의 미팅을 마치게 되었고 결론적으로는 저자는 아까운 그 한 시간을 허송세월한 것입니다.

다음은 '비판적 듣기'의 반대인 '지지적 듣기'입니다. 최대한 상대방에 대한 선입견, 편견, 고정관념을 버리고 상대방과 상대방의 얘기에 대해 호기심을 가져야 합니다. 관심을 가져야 합니다. 이래야 상대방의 생각에도 동행이 가능합니다. 생각의 동반자가 되어 문제해결을 위한 여러 고민들을 스스로 하게 됩니다. "내가 이 문제해결을 위해 더 알아야 할 것은 무엇이지?", "문제해결을 위해 내가 어떤 것들을 제거하고 조치해야 하지?", "이 일을 더 가치 있게 만들려면, 어떠한 일들을 더 해야 할까?" 이것이 '지지적 듣기'입니다.

사회생활을 하면서 어떤 사람의 얘기를 들으면 공감이 되고 이심전심인데 또 어떤 사람의 얘기를 들으면 영혼이 탈곡된 상태에서 듣는 척만 하며 시간을 보내려고 합니다. 전자의 경우가 '지지적 듣기'이며 후자의 경우가 '비판적 듣기'입니다. 이 두 가지 경청의 방법은 앞서 설명한 것처럼 선입견, 편견, 고정관념이 있느냐, 없느냐의 차이로 결정이 됩니다. 물론, 대화의 상대방에 대한 선입견, 편견, 고정관념을 완전히 없애면 좋겠지만 이렇게 하는 것은 거의 불가능에 가깝습니다. 그러면 어떻게 해야 할까요? 우리 모두가 학습을 하는 이유는 여기에 있습니다. 경청의 방법이 '지지적 듣기'와 '비판적 듣기'로 나뉘고 각각 어떻게 하는 것인지 학습하기 이전에는 아무런 문제의식 없이 '비판적 듣기'에 쉽게 매몰될 수 있습니다. 하지만 학습 이후에는 그만큼 알고 있기 때문에 이러한 선입견, 편견, 고정관념을 완전히 없애지는 못하지만 줄이고 회피할 수는 있습니다. 혹시라도 '비판적 듣기'에 매몰되어 있더라도 자신이 '비판적 듣기'에 매몰되어 있다는 자각을 통해 빠져나오려는 노력을 스스로 하게 될 것입니다. 그렇기 때문에 우리 모두는 끊임없이 학습을 해야 합니다.

【2】코칭의 가정과 기본 철학은 "상대방이 문제해결의 잠재 능력과 해답을 가지고 있을 것이다."입니다.

앞서 GROW 면담코칭의 단계별 내용에 대해 설명을 하였습니다만 조금 더 질문의 중요성과 필요성에 초점을 맞추어 예시를 통해 보충 설명하고자 합니다. 면담 시간의 90% 이상을 경청의 시간으로 배분하고 상대방의 말을 더 많이 듣기 위해 리더는 주로 질문을 통해 상대방의 생각을 자극하고 고민을 더 하게 합니다. 그리고 상대방의 생각과 고민을 더 풍부하게 하며 적합하고 적절한 피드백을 해 줍니다.

저자는 1년여 전부터 정신건강의학과 진료를 받고 있습니다. 제 치부에 해당하는 얘기일 수 있어서 조금은 망설였지만 면담코칭에 대한 적절한 예시가 될 것 같다는 판단 하에 공개하고자 합니다. 심한 증세는 아니었지만 이전부터 공황장애의 징후가 있어 한의원과 마음수련원도 다니고 스스로의 힘으로 고치려고 노력도 하면서 몇 년을 보내다가 결국에는 피하려고 했던 선택인 정신건강의학과 진료를 받기 시작한 것입니다. 지금도 3~4주 간격으로 20~30분 의사 선생님과 상담을 하고 관련된 약을 처방받습니다. 그렇게 지금까지 1년여 진료를 받아오다가 최근에 저자가 깨달은 것이 있었습니다. 제가 진료를 받고 정신과 상담을 받고 있는 "이 의사 선생님이야말로 코치이구나.", "내가 지금 코칭을 받고 있구나."라는 것입니다.

    20~30분 동안의 의사 선생님과의 상담시간 동안 초진을 제외하고는 많은 분들의 기대와 예상과는 다르게 의사 선생님께서 저에게 본인이 아는 관련된 의학 지식과 정보를 전달해 주지는 않습니다. 그럼 의사 선생님은 30분 동안 제게 무슨 얘기를 할까요? 정답은 '질문'입니다. 제게 주로 질문을 하십니다. 그리고 저는 그 질문에 대한 답변을 합니다. 매번 동일하지는 않지만 주로 첫 질문은 "그동안 어떻게 지내셨느냐?" 입니다. 그럼 제가 지난 4주간 어떠한 일들이 있었는지를 말씀을 드립니다. 실제, 답변하기 위해 저는 메모/기록을 해가기도 합니다. 그리고 제 얘기에 따른 의사 선생님의 부연 말씀을 듣습니다. 이것을 피드백이라고 간주해도 될 것입니다. 그리고 그다음 질문을 듣습니다. 두 번째 질문은 '잠'에 대한 질문입니다. "요즘 어떻게 잠을 잘 주무시냐?"고 묻습니다. 몇 시에 잠을 청하며 몇 분 정도 후에 잠자리에 드는지, 또 몇 시에 일어나는지 등 수면의 질에 대해 묻습니다. 제가 초진 때 들었던 얘기인데 공황장애에 안 좋은 것이 세 가지가 있다고 합니다. '술', '잠 못

자는 것' 그리고 '과로, 스트레스'입니다. 술은 원래도 좋아하지 않고, 잘 못하는지라 곧바로 끊었습니다. 지금은 두세 달에 맥주 한두 잔 하는 정도입니다. 그리고 잠은 어떻게 하든지 잘 자보려고 노력 중입니다. 그래서 두 번째 질문이 잠에 대한 것이라고 저는 추정하고 있습니다. 그리고 마지막 세 번째 질문이 돌아옵니다. 세 번째 질문은 바로 위에서 잠시 언급했던 '과로, 스트레스'에 대한 것입니다. "요즘 일은 얼마나 많으며 그 일에 따른 스트레스는 어떻게 관리하고 있느냐?"고 묻습니다. 그럼 저 역시 '술'과 '잠'을 제외하고 제가 관리할 수 있는 수단은 일에 따른 스트레스 관리이기 때문에 일은 줄일 수 없더라도 일에 따른 스트레스를 줄이기 위해 여러 다양한 방식으로 일을 했던 것에 대해 말씀을 드립니다. "A스타일로 일을 했더니 효과가 별로였고 B스타일을 아직 잘 모르겠고 C스타일로 일을 했더니 스트레스도 잘 관리되고 컨디션 조절도 잘되는 것 같았다."고 말입니다.

즉, GROW 면담코칭도 마찬가지입니다. Goal 단계에서 연초에 설정한 구성원의 목표에 대해 리더도 잘 알고 있고 당사자인 구성원도 스스로 잘 알고 있지만 구성원이 얼마나 구체적으로 잘 인지하고 있는지에 대해 리더가 질문을 던지고 구성원이 한 번 더 진술하는 것입니다. 둘 다 잘 알고 있지만 한 번 더 구체적으로 정확히 인식시키는 것입니다. Reality 단계도 마찬가지입니다. 현재의 진도에 대해 리더와 구성원 둘

다 잘 알고 있습니다. 하지만 한 번 더 질문을 통해 구성원이 현재의 진도와 문제점에 대해 얼마나 객관적으로 잘 인식을 하고 있는지 확인하는 것입니다. Option 단계 역시 제대로 된 보통 수준 이상의 구성원이라고 하면 분명 면담코칭 이전에 스스로의 의지를 가지고 문제해결을 위한 여러 대안을 고민해 보고 테스트해 보았을 것이기 때문에 이것을 확인하려고 하는 것입니다. 구성원이 어디까지 고민해 보고 어느 수준까지 준비하고 있는지에 대해 질문으로 확인해 보는 것입니다. 정신의학과 선생님과 상담을 하는 저 역시도 마찬가지입니다. 의사 선생님이 저에게 직접적인 솔루션을 제시하는 것이 아니라, 의사 선생님은 제가 제 실제 생활 속에서 정신건강 회복을 위한 여러 대안을 스스로 테스트해 보고 검증하도록 환경을 만들고 그 검증 내용을 질문으로 확인하려고 하는 것입니다. 저 역시 어느 순간 여러 차례의 상담을 통해 이 시간은 의사 선생님의 답을 얻기보다는, 제가 고안해 낸 대안과 그 검증 결과에 대해 확인을 받는(confirm) 시간이라고 생각하게 되었습니다. 그리고 확인을 받는 대로 제 확신을 강화하여 C스타일로 제 일과 스트레스를 본격적으로 관리해 보는 것입니다. 즉, 면담코칭이든 정신과 상담이든 모두 문제해결을 위한 잠재능력과 문제의 해답은 자기 자신이 가지고 있기 때문에 리더와 정신과 의사 선생님의 역할은 이러한 사실을 질문을 통해 깨닫게 하고 스스로 문제를 해결할 수 있도록 의지를 강화하고 지원하는 것입니다. 먼저 나서서 문제해결을 대신해 주지 않습니다.

아울러 저는 이제 의사 선생님께 "C스타일로 일과 스트레스를 관리했더니 효과가 있는 것 같다."라고 하면서 의사 선생님 눈치를 슬쩍 봅니다. 의사 선생님의 표정이 밝아지고 눈이 동그랗게 커지면 "아~ 이 스타일이 의사 선생님도 괜찮다고 생각하시는구나."라고 여기며 제가 고안해 낸 스타일에 더 확신이 생깁니다. 때로는 제가 생각한 아이디어가 의사 선생님 입장에서도 정말 좋다고 생각하셨는지 열심히 PC 타이핑을 할 때도 있습니다. 아마도 다른 환자에게도 적용/공유하려는지도 모르겠습니다. 리더 역시 이렇게 구성원과의 면담 경험이 쌓이면 A라는 구성원한테 들은 정말 좋은 A Option을 B구성원에게 공유하고, B구성원이 A Option을 발전시켜 B라는 Option을 새롭게 만들었다면 이 B Option을 C구성원에게 소개할 수 있을 것입니다. 이렇게 이 모든 경험들이 시간이 흘러 누적되고 누적되면, 정말 면담코칭을 유연하게 잘 리딩하는 리더, 팀장이 되어 있을 것입니다.

리더는 90%의 시간을 경청에 투입하고 굳이 피드백까지 안가더라도 구성원이 고안해 낸 여러 대안들 중에 어떤 대안이 더 적절한지를 보는 눈만 가지고 있어도 됩니다. 적절한 대안에 대해 수긍을 해 주고 확신을 강화시켜 구성원의 믿음대로 일을 자신 있게 추진할 수 있도록 상황을 만들어 주면 됩니다.

Q5

PART I 제도의 운영과 코칭 및 피드백

구성원과의 면담 시 형용사적, 부사적 표현을 배제하고 사람이 아닌 그 사람의 구체적 행동에 대해 행위동사 중심으로 그 사람의 행동을 묘사하는 방식으로 피드백을 주라고 합니다. 왜 그렇게 해야 하는지요?

 >> **질문의 상황 맥락**

우리나라 말은 형용사적, 부사적 표현이 많이 사용되어 의사소통이 부정확하게 이루어지는 경우가 많습니다. 특히나 기성세대에 속하는 리더 계층이 이러한 표현에 익숙합니다. 리더들이 '~한 편인 것 같다', '~인 듯하다.', '다소 부족', '다소 부족한 편' 등의 표현을 섞어 구성원에게 피드백을 하니 구성원 입장에서는 "무슨 얘기를 하는 것인지?", "구체적으로 무엇을 어떻게 하라고 하는 것인지?" 피드백을 제대로 못 받았다고 하는 반면에 리더는 분명 피드백을 주었다고 합니다. 단위 조직 내에 리더-구성원 간의 이러한 동상이몽은 무엇 때문에 발생하는 것일까요?

물론, 나이가 많고 적음에 따른 세대 차이도 분명 있을 것입니다. 하지만 이 세대 차이는 단순히 나이가 많고 적음보다는 세대 간 소통방식의 차이 때문에 더 발생하는 것 같습니다.

›› 성과관리와 관련된 이론/사례

기업으로부터 이런 강의 요청을 받는 경우가 종종 있습니다.
"리더가 구체적이면서도 명확하게 업무 지시를 내려주었으면 좋겠다."
"구성원들의 니즈가 이러하니 리더들이 구성원들에게 구체적이면서도 명확하게 업무 지시를 내리는 방법에 대해서 교육을 시켜 달라."
이런 요청을 받고 현장에 가서 강의를 하면서 리더들에게 질문을 해보았습니다.
"업무 지시를 안 내리시냐?"
이와 같은 저자의 질문에 현장의 리더들은
"하루에도 수도 없이 내린다."
"수십 번, 수백 번 지시를 내린다."
"그게 리더의 역할 아니냐?"

라고 대꾸합니다. 이에 저자가 다시 질문을 합니다.

"그럼, 업무 지시를 어떻게 내리시느냐?"

그럼, 이런 답이 돌아옵니다.

"그걸 꼭 말로 해야 아느냐?"

"요즘 친구들은 눈치도 코치도 없냐?"

뭐가 중요한지 자신도 잘 알 것이고 그래서 불러서

"너, 그거 중요한 거 알지?"

"정말 중요한 거니까 제대로 잘해야 한다."

"자, 그리고 뭐, 내가 더 해 주어야 할 것 있어?"

"없어? 그럼 돌아가 봐. 잘 하고."

그렇게 질문 두 개를 던지고 답변을 들은 이후에야 깨닫게 되었습니다. 리더는 구성원에게 이런 방식으로 이 정도 얘기해 주면 다 알 것이라고 생각한 것이고 구성원은 리더의 앞에서는 알겠다고 해놓고 뒤돌아서서는

"도대체 뭐라는 거야?"

"뭘 어떻게 하라는 알려주어야 일을 하지?"

"자기도 잘 모르니까 얘기 못해 주는 거 아냐?"

라고 뒷담화하는 것입니다. 즉, 리더 계층은 두루뭉술하게 얘기해도 알 것이라고 생각을 하고 반대로 구성원 계층은 구체적이고

명확하게 얘기해 달라고 하는 것입니다. 이처럼 기본적 소통방식의 차이가 리더-구성원 간 동상이몽을 만들어 내고 있습니다.

업무 지시 외에 면담 시 리더가 구성원에게 전달하는 피드백도 마찬가지입니다. 몇 년 전부터 상대평가에서 절대평가로 성과평가제도를 전환했던 글로벌 선진기업들이 다시 최근에 절대평가에서 상대평가로 전환한다고 하는 소식이 들리고 있습니다. 예상했던 결과입니다. 제도라는 것이 각각의 장/단점이 있어 제도는 돌고 돌기 때문입니다. 상대평가에서 절대평가로, 그리고 다시 상대평가로 말입니다. 물론, 역사도 그렇고 제도도 그렇고 나선형으로 상승 발전하는 것이 정상이기 때문에 다시 바뀐 상대평가는 과거의 상대평가보다는 발전되고 진화된 것일 것입니다. 그런데 절대평가에서 다시 상대평가로 전환하는 이유가 재미있었습니다. 젊은 세대들, 즉 MZ세대들의 요구 때문이었다는 것입니다. MZ세대들은 평가를 받고 순위가 매겨지는 것은 싫지만 그래도 자신이 어느 정도 수준으로 일하는 사람인지 알고 싶어 했다는 것입니다.

"자신이 같은 또래에 비해 어느 정도 레벨로 일하고 있는 사람인지? 전체 중에 몇 등인지? 일을 잘하는 사람이라면, 앞으로 어떻게 일을 하면 좋은지? 중간 정도로 일을 하는 사람이면, 상위권에 들기 위해 어떻게 일을 하면 좋은지? 하위권에 속해 있다면 성과 개선을 위해 무엇을 어떻게 해야 하는지?"

자신의 수준, 순위와 앞으로 어떻게 일을 하면 좋은지 리더의 피드백을 알고 싶어 했기 때문에 다시 상대평가로 바꾸게 되었다는 것입니다. 절대평가제도 하에서는 일정 정도 수준 이상이면 다 잘했다고 동일한 평가등급을 받습니다. 누가 몇 등인지 확인이 안 됩니다. 누구에 비해 이렇게 일을 하고 있으니 이제부터는 다르게 일을 해야 한다고 피드백을 주기도 어렵습니다.

반면에 상대평가제도 하에서는 등수도 확인이 되고 상대적 수준도 알 수 있어 피드백을 받는 것이 가능합니다. 물론, 형용사적, 부사적 표현이 난무한 두루뭉술한 피드백이 아니라, 피드백 역시도 업무 지시 때와 마찬가지로 행위동사 중심으로 구체적이면서도 명확한 것을 알려 주는 피드백이어야 할 것입니다. MZ세대들의 기대와 요구도 이것일 것입니다. 피드백 역시 피드백을 주는 사람의 소통 방식이 아닌 받는 사람 중심으로 받는 사람의 소통 방식을 존중해 이루어져야 합니다.

관련하여 고맥락(High Context) 소통 방식과 저맥락(Low Context) 소통 방식의 차이에 대해 소개하겠습니다. 다음의 그림은 1960년 초반 일본의 만화 스타일과 미국의 만화 스타일을 비교하고 있습니다.

1960년 초반 일본 만화와 미국 만화 스타일

| ⓐ《소년클럽》〈월광가면〉, 고단샤 | ⓑ《용 위너스》〈캡틴 아메리카〉, 마블코믹스

출처 : 뉴스핌, 2014. 8.19.

    좌측의 일본 만화를 보면 그림이 많은 것에 비해 글자가 적습니다. 하지만 글자가 적더라도 일본말을 잘 몰라도 그림만 보아도 어느 정도의 소통은 가능합니다. 누가 나쁜 캐릭터이고 누가 좋은 캐릭터이며 주인공인지도 쉽게 확인할 수 있습니다. 좌측 하단의 인물들을 보면 눈꼬리가 올라가 있고 입꼬리가 올라가 있으면 머리 위에 뿔도 달려 있습니다. 누가 보아도 나쁜 캐릭터이고 악당일 것입니다. 반면에 그림의 중앙에 있는 망토를 두르고 있는 인물은 누가 보아도 좋은 캐릭터, 주인공, 슈퍼히어로일 것입니다. 즉, 굳이 글자를 많이 보여 주지 않아도 맥락상으로 정황상으로 어떤 스토리인지 충분히 예측할 수 있습니다. 이러한 소통 방식이 고맥락 소통 방식입니다. 맥락(Context)은 인간의 일상과 사고를 지배하는 암묵적인 규칙과 관행(Hall, 1976)을 말합니다. 이 중 고맥락은 정보가 물리적 맥락 속에 있거나 의사소통의 송신인에게 내면화되어 있는 상황을 말하는데 그림 좌측의 일본 만화가 바로 이런 고맥락 소통 방식에 기반하고 있습니다.

반면에, 같은 시기의 우측 미국 만화를 보면 일단 저자가 알고 있는 만화의 기준으로 보았을 때 이것이 만화인지 소설인지 구분이 안 갈 정도로 글자의 양이 많습니다. 독자 입장에서 그림 외에도 따로 읽어야 할 글자의 양이 눈이 아플 정도로 많습니다. 그리고 좌측 일본 만화와는 다르게 그림만 보면 누가 나쁜 캐릭터이고 누가 좋은 캐릭터인지 금방 구분이 안 갑니다. 무슨 얘기를 하고 있는지 그림만 보아서는 알 수가 없습니다. 그래서 보이는 글자 모두를 읽지 않으면 내용을 알 수 없는 것입니다. 이러한 소통 방식은 저맥락 소통 방식입니다. 저맥락은 대부분의 정보가 명시적인 형태로 존재하는 상황을 말하는데 그림 우측의 미국 만화가 바로 이런 저맥락 소통 방식에 기반하고 있습니다. 참고로 우측의 미국 만화 '캡틴 아메리카'는 블록버스터 영화로도 만들어졌습니다.

고맥락 소통 방식과 저맥락 소통 방식의 차이를 표로 다시 정리해 보면 다음과 같습니다.

고맥락 소통 방식과 저맥락 소통 방식의 차이

고맥락 소통 방식	저맥락 소통 방식
주로 동양문화권 (특히, 한국, 중국, 일본)	주로 서양문화권 (미국, 유럽)
말하지 않아도 앎 (말하지 않아도 알아요. = 초코파이)	직접적으로 말하지 않으면 수신인은 거의 알지 못함
사람 간 관계에 의존. 이에 따라 메시지의 내용이 달라짐.	사실(fact), 자료와 논리에 의존. 메시지가 정교해야 함.
문맥, 행간, 전체적인 감정이 중요. 유권해석에 따라 소통의 내용이 달라짐.	단어 하나하나의 의미가 중요. 유권해석의 여지가 별로 없음.
미묘한 제스처의 차이로 소통	크고 확실한 제스처로 소통

영어 단어에는 '눈치'라는 말이 없다고 합니다. 우리나라 사람들은 일본, 중국과 같은 동양문화권에 속해 있기 때문에 굳이 말하지 않아도 미묘한 제스처의 차이나 전달받은 느낌과 감정만으로도 소통할 수 있습니다. 같은 말, 같은 글이라도 어떻게 해석하고 받아들이냐에 따라 의미의 차이가 크게 달라집니다. '아' 다르고 '어' 다르다는 말도 이런 경우를 얘기하는 것입니다. 하지만 단점도 있습니다. 이 정도 수준으로 전달하면 되겠지 했는데 상대방이 그 정도 수준이 안되어 커뮤니케이션의 오류가 종종 발생하기

도 합니다. 이심전심(以心傳心)이어야 하는데 그러지 못한 경우도 많습니다. 특히, 기성세대와 MZ세대 간에 커뮤니케이션 오류가 발생합니다. 기성세대 입장에서는 '이 정도 얘기하면 알아듣고 알아서 잘 하겠지' 했는데 MZ세대 입장에서는 무슨 얘기인지 미처 알아듣지 못해 일을 엉뚱하게 하거나 안하는 경우도 발생하는 것입니다.

반면에 서양문화권은 동양문화권의 고맥락과는 다르게 원래부터 저맥락 방식으로 소통을 해왔습니다. 커뮤니케이션의 오류를 최소화하기 위한 장치로서 같은 말이어도 유권해석에 따라 의미가 달라지지 않도록 메시지를 정교하게 다듬어 전달합니다. 단어 하나하나의 의미를 생각하면서 신중하게 메시지를 만들어 전달합니다. 이렇게 정확히 소통하려다 보니 앞에서 본 미국 만화처럼 text, 글자를 많이 담는 것입니다. 글자를 많이 담아서라도 커뮤니케이션의 오류가 없도록 하려는 목적이 있습니다.

서양문화권, 미국 만화는 저맥락 소통 방식, 그리고 동양문화권, 일본 만화는 고맥락 소통 방식. 우리나라는 동양문화권에 속하기 때문에 고맥락 소통 방식을 사용합니다. 그런데 우리나라에서도 이러한 소통 방식에 변화가 감지되고 있다고 합니다.

"한국인들이 저맥락적 성향을 보이기 시작했다."(Hofstede, 2014)

홉스테드(G. Hofstede)는 네덜란드의 세계적 사회심리학자로 문화 간 비교 연구에 가장 많이 사용되는 '문화 비교 이론'을 만든 사람입니다. 그는 1980년 글로벌 기업인 IBM의 40여 개국, 10만 명가량의 종업원들을 대상으로 문화의 차이에 대한 조사를 했는데 각국의 문화적 차이를 경영자 입장에서 어떻게 파악해야 하며 그 차이에 따라 어떤 대안을 모색해야 할 것인가에 관한 연구를 하여 세계적 주목을 받았습니다. 그 홉스테드가 2014년에 고맥락으로 소통하던 한국 사람들이 이제 저맥락으로 소통하기 시작했다고 연구 결과를 발표한 것입니다. 아마도 기성세대는 여전히 고맥락으로 소통을 하는 반면에, 1980년 이후의 MZ세대들은 어렸을 적부터 서양식 학교 교육을 많이 받아서인지 분석적 사고를 하면서 저맥락으로 소통을 한다고 얘기합니다. 1960년대의 일본 만화와 미국 만화의 비교와 유사하게 1970년대의 우리나라 만화와 2000년대 우리나라 만화를 비교하면 이러한 변화를 확인할 수 있습니다. 1970년대 만화는 고맥락으로 소통하기 위해 여러 컷의 그림과 적은 글자로 이루어져 있는 반면에, 2000년대 만화는 저맥락으로 소통하기 위해 그보다 적은 컷의 그림과 많은 글자로 이루어져 있습니다.

기본적으로 세대별 주된 소통 방식은 변화해 왔습니다. 여전히 변하지 않는 소통 방식인 대면 대화 소통 외에 1920~1945년생은 편지를 주고받으며 소통을 했고 1946~1965년생의 베이비 부머들은 전화를 통해 소통했다고 합니다. 물론, 여기에서의 전화는 핸드폰이 없던 시절이라 집 전화나 사무실 전화였을 것입니다. 그리고 1966~1979년생의 X세대들은 인터넷의 보급에 의해 e-mail를 주고받으며 소통을 했습니다. 마지막으로 1980~2000년생의 MZ세대들은 메신저나 카카오톡으로 소통을 하고 있습니다.

이처럼 매체에 따른 변화는 세대의 변화와 함께 한 번 바뀌면 다시 되돌아갈 수 없는 비가역적인 성향을 가집니다. 특히, 현 시점에서 MZ세대들은 메신저나 카카오톡으로도 대면 대화의 소통과 버금갈 정도로 충분한 소통이 가능한 상황입니다. 그렇다면 MZ세대 이상의 세대들은 어떤 스탠스를 취해야 할까요? 여전히 과거에 선택했던 그 매체 사용을 고집해야 할까요? 아니라면, 좀 더디더라도 새로운 매체의 사용방식을 배워나가야 할까요? 나의 조직생활의 정년이 얼마 안남은 경우가 아니라면, 내가 여전히 리더이며 내가 담당하고 있는 구성원들에 대한 나의 영향력 행사 또는 동기부여에 의해 구성원이 성과를 창출하고 그 구성원들이 창출한 성과의 총합에 의해 내 성과도 마찬가지로 평가받는 상황이라면 배울 수 있는 한 끝까지 배워야 합니다. MZ세대들, 그들의 소통방식을 배워야 그들은 설득시킬 수도 있고 납득시킬 수도 있고 대화도 가능한 것입니다. 그들의 소통 방식을 기본적으로 존중하고 언제나 배우는 자세로 그들과 함께 하려고 해야 합니다.

동시에 본인의 성향과 맞지 않는 매체 사용에 대하여 비판하는 것을 지양해야 합니다.

"왜 요즘 애들은 상사가 얘기를 하고 있는데도, 핸드폰만 만지작거리고 회식 중에도 핸드폰만 들여다보고 차는 전부 다 외제차에 주식에 이어 업무 시간 중에도 코인을 하고, 도대체 이해가 안되네."

와 같은 기성세대 간 주고받은 뒷담화가 MZ세대들의 귀에 들어가서는 안됩니다. 자신들에 대해 기성세대가 이런 인식을 가지고 있다는 사실을 MZ세대가 인지하게 된다면, 그 이후로는 지금과 같은 불완전한 소통마저도 단절될 것입니다. 박지성 선수가 뛰었던 영국 프리미어리그 맨체스터 유나이티드팀 그리고 그 팀에서 오랜 시간 감독 생활을 했던 알렉스 퍼거슨 감독의 사례를 들어 보겠습니다. 세계적 스타 플레이어였던 데이비드 베컴 선수에게 신발을 던져 머리에 맞히고 눈썹에 피가 나게 할 정도로 카리스마가 있었던 퍼거슨 감독이 이런 말을 한 적이 있었습니다.

"Twitter is a waste of time."

즉, 젊은 축구 선수들이 SNS 중 하나인 트위터를 자주 사용하는 것에 대해 못마땅하게 하면서 시간 낭비일 뿐이라고 한 것입니다. 이렇게 공개적으로 또는 뒷담화를 통해서라도 젊은 세대들의 문화와 놀이, 소통 방식을 굳이 비판/비난할 필요는 없습니다. 앞서서 얘기했던 것처럼 이러한 SNS, 메신저, 카카오톡 등의 사용은 더 이상 되돌릴 수 없는 비가역적인 상황이기 때문에 이러한 현상에 대해 못마땅해 하면서 과거에만 머물러 있으면 안되는 것입니다. 이것이야말로 시간 낭비입니다. 비난하고 비판할 시간에 새로운 소통 방식을 더 적극적으로 학습하기 바랍니다. 물론, 아무리 MZ세대들이 맥락이 배제된 text 중심의 저맥락 소통에 능하다고 하더라도, 여전히 대면 대화의 소통 방식은 사람과 사람 간 소통에서 가장 중요하며 효율과 효과 면에 있어서 그 어떤 소통 방식보다도 뛰어납니다.

리더가 구성원에게 하는 업무 지시 역시 마찬가지입니다. 저맥락의 소통 방식에 익숙한 MZ세대들에게 고맥락의 소통 방식으로 업무 지시를 내리면 안됩니다. 여전히 고집을 피우면서 과거의 소통 방식을 사용해 업무 지시를 내리면 그 업무 지시의 횟수가 수십 번, 수백 번이 되어도 MZ세대들은 업무 지시를 여전히 못 받았다고 할 것입니다. 구체적이면서도 명확한 업무 지시를 안내려

준다고 하면서 그것을 핑계 삼아 일을 안하고 있을 것입니다. 그래서 이제부터라도 업무 지시는 다음과 같이 내려야 합니다. step by step으로 단계를 밟아가며 의문이 안 생기도록 유권해석의 여지가 안 생기도록 리더가 아는 모든 것, 리더의 모든 생각을 가감 없이 전달해야 합니다.

리더는 다음과 같이 CODE로 지시합니다. 아울러 구성원 역시 지시받은 업무의 내용이 궁금할 때는 같은 방식으로 CODE로 질문합니다.

Context(업무의 배경) : 이런 저런 사정이 생겨서, 이 업무를 새롭게 해야 될 것 같아.

Output Image(산출물) : 그리고 이 업무를 통해 전체 달성률이 00%로 올라갔으면 해.

Duedate(납기) : 내 생각에는 10일 정도 걸릴 것 같은데, 혹시 더 걸릴 것 같으면, 판단해 보고 말해 줘.

Energy(동기) : 어렵지만, 자네라면 충분히 할 수 있어. 도움이 필요하면, 언제든지 나한테 다시 이야기해 주고.

2021년 상반기 야당인 '국민의 힘'의 당 대표를 선출하는 경선이 벌어졌습니다. 유력 당 대표 후보였던 이준석 現 당 대표와 나경원 前 의원 간의 경쟁과 입씨름이 대단했습니다. 그중 언론에 노출된 한 가지 사례를 소개하고자 합니다. 다음의 우측 지면과 같이 나경원 후보가 가장 앞서 나간다고 여겨졌던 이준석 후보를 강하게 견제합니다.

고맥락 소통 방식과 저맥락 소통 방식 사례

머니투데이

"두배로 반격" 예고한 이준석..나경원 공세에도 '탈압박'

김성진 기자
입력 2021. 06. 04. 05:30

4 22

"안 때리면 반격 안한다. (하지만) 때리면 두배로 반격한다"

지난달 31일 국민의힘 당대표 후보 1차 토론회를 앞두고 이 후보는 페이스북에 이렇게 썼다. 앞을 내다본 것일까. 각종 여론조사에서 지지율 1위를 달리는 이 후보를 향해 각별히 나경원 후보의 압박이 두드러지는데 이 후보는 특유의 말재주로 '탈압박'을 이어가는 모양새다.

나경원 "혐오의 정치 멈춰라"...이준석 "혐오 발언 한가지만 말해달라"

이 후보가 중심에 있던 젠더 논쟁도 비판의 대상이 됐다.

나 후보는 지난 1일 라디오에서 "이 후보는 한달 전부터 젠더 갈등으로 이대남(20대 남성)의 분노를 일으켜 인지도가 더 높아졌다"면서 "백인 하층 노동자의 분노를 이민층을 향한 혐오로 돌려서 집권한 트럼프 미국 대통령의 분열 정치, 혐오 정치(와 유사하다)"고 평가했다.

이를 듣고 이 후보는 같은 날 후보 토론회에서 "(나 후보가) 혐오 이미지를 덧씌우려 한다"며 "이준석 혐오 발언 한가지만 말해달라"고 주문했다.

이에 나 후보는 구체적인 혐오 발언 대신 "트럼프 닮았단 건 진중권 전 동양대 교수의 칼럼을 인용한 것"이라고 답하자 이 후보는 "비겁하게 학자의 글을 인용한다고 할 게 아니라 내가 혐오를 했다면 뭘 했는지 말해달라"라고 재차 물었다.

출처 : 머니투데이, 2021. 6. 4.

라디오 인터뷰를 통해, "이준석 후보가 젠더 갈등을 일으키며 마치 트럼프 미국 전 대통령처럼 분열의 정치, 혐오의 정치를 하고 있다."고 비판을 한 것입니다. 이를 듣고 이준석 후보는 "나 후보가 혐오의 이미지를 나에게 덧씌우려 한다."며 "이준석이 한 혐오 발언을 한 가지만 말해 달라."고 주문을 합니다. 그렇다면 이러한 이준석 후보의 요청에 나경원 후보가 어떻게 대응하고 어떤 대답을 했을까요? 다음 우측 지면 하단 부분에 나와 있는 대로 나경원 후보는 "OOO교수의 칼럼 내용을 인용한 것이다."라고 즉답을 피해갔는데 이러한 모호한 답변에 이준석 후보는 "비겁하게 학자의 글을 인용했다고 할 것이 아니라, 자신이 어떤 혐오의 발언을 했는지 말해 달라."고 재차 답변을 요구합니다.

비단 이렇게 나경원 후보가 모호하고 두루뭉술하게 본인이 받은 인상과 느낌 위주로 얘기를 하고 이준석 후보가 구체적으로 예시를 들어 얘기해 달라고 반박을 했던 사례는 이 한 가지만이 아니었습니다. 경선 기간 내내 여러 차례 반복이 되었습니다. 혹자는 이러한 갑론을박(甲論乙駁)의 여러 사례를 보고 이준석 후보가 하버드대학을 나와 똑똑하다고 평가를 했습니다. 하지만, 저자의 생각은 다릅니다. 나경원 후보, 63년생, 서울대 82학번, 판사 출신, 4선 의원. 이준석 후보, 85년생, 하버드대 경제학, 컴퓨터과학 학사. 이준석 후보 못지않게 당대의 똑똑한 사람이 나경원 후보입니다. 저는 이 상황이 누가 더 똑똑하다, 덜 똑똑하다의 문제가 아니라, 세대 간 소통 방식 차이의 문제라고 봤습니다.

나경원 후보는 이준석 후보보다 스무 살 이상 나이가 많은 기성세대이고 이준석 후보는 흔히 말하는 MZ세대입니다. 즉, 나경원 후보는 기성세대라 고맥락의 소통 방식을 사용하고 있는 것이고 이준석 후보는 MZ세대라 저맥락의 소통 방식을 사용하고 있습니다. 나경원 후보의 이준석 후보를 비판하는 두루뭉술한 표현들, 그리고 즉답을 회피하는 모호한 말들. 이 정도로만 얘기를 해도 말하지 않아도 잘 알아듣는 세대들은 소통하는 데 문제가 없습니다. 반면에, 저맥락으로 소통을 하려 하는 이준석 후보와 그와 같은 연령대인 MZ세대들은 이러한 비판과 답변에 답답함을 느낍니다. 그래서 "본인이 어떤 발언을 했다는 것인지 사례를 들어 말해 달라.", "다른 사람 글을 인용했다는 말만 하지 말고 구체적으로 얘기해 달라."고 하는 것입니다. 이렇게 고맥락 소통 방식을 사용하는 세대와 저맥락 소통 방식을 사용하는 세대가 언쟁을 하게 되면 백전백승 저맥락 소통 방식을 사용하는 세대가 승리합니다. 막연하고 모호한 본인의 주관적 판단과 다른 사람으로부터 들은 소리를 섞어 누군가를 평가했을 때, 그 누군가가 왜 그런 평가를 했는지 구체적이고도 명확하게 사례를 들어 설명을 해달라고 하면 나경원 후보처럼 말을 흐리며 즉답을 피하는 길 말고는 방법이 없는 것입니다.

표의 내용은 저자가 직접 강의를 했던 OO공공기관의 역량평가 피드백 리포트 작성 사례입니다. 해당 공공기관의 인사팀에서

○○공공기관의 역량평가 피드백 리포트 작성 예시(실제 사례)

역량	상반기(1월 ~ 6월)		향후 조치사항
	강점	보완 사항	
혁신	맡은 바 업무를 성실히 수행	과업의 핵심 목표와 우선순위를 설정하고, 보다 적극적으로 혁신하는 자세 필요	용기 있는 자기 결정과 때로는 실패를 두려워하지 않는 자세 필요
팀워크 기여도	성격이 밝아 팀원들과의 관계 형성이나 유대관계 좋음	직원 간 좋은 유대관계에 비해 협업 업무 능력 낮음	
의사 소통 능력	담당자가 의도한 바를 이해하기 쉽게 보고함	개인 업무 추진력은 좋으나, 동료와의 협업 및 소통관계 개선 필요	
기획력	업무 일정이 지연되지 않도록 연간 철저히 관리함	전년도 대비 새로운 아이디어가 보이지 않음. 매년 발전된 기획서 작성 필요.	
직무 전문성	전반적으로 역량은 다소 떨어지나, 매우 성실함	전문역량 스킬 향상 필요	적합한 업무를 부여하거나, 도전적 미션을 수행하여 부족한 역량을 보완할 수 있도록 지원 필요
업무량	동일 직급 팀원 대비 업무량 및 업무 난이도 높음	해당 없음	현 업무량에 대한 어려움 발생 시 업무 분배 논의
문제 해결력	수시로 변화하는 조직 대내/외 환경변화에 맞게 업무 추진함	정책적 확산 등 미래 방향 수립을 위해 함께 고민하여 제안 가능한 해결방법 제공 필요	
업무 추진력	책임감 있는 자세로 업무에 열정 가짐	잦은 실수 종종 발생 실수를 점검하는 데 시간 투자 필요	

작성한 것으로 리더들이 구성원과의 중간 평가면담 이후, 리더들이 다음 표의 내용을 참고로 하여 이 정도 수준의 문구와 내용으로 피드백 리포트를 작성하면 된다고 가이드를 제시하고 있었습니다. 물론, 피드백 리포트는 구성원에게 제공되고 구성원들은 이 내용을 바탕으로 하반기 자신의 역량 개발 활동을 계획합니다.

하지만 강의를 담당했던 저자는 전반적으로 문제가 있을 뿐만 아니라, 몇몇 부분은 치명적 잘못을 범하고 있다는 점을 지적 안 할 수가 없었습니다. 전반적으로는 행위동사가 아닌 형용사적, 부사적 표현을 많이 사용하면서 평가자의 판단이 근거 없이 제시되어 주관적인 평가라는 비난을 피할 수가 없는 상태였습니다.

세부적으로 문제점을 지적해 보겠습니다. '직무전문성' 역량의 강점 항목에 '전반적으로 역량은 다소 떨어지나'라는 표현, '팀워크 기여도' 역량의 보완 사항 항목에 '협업 업무 능력 낮음', '의사소통능력' 역량의 보완 사항 항목에 '동료와의 협업 및 소통관계 개선 필요' 그리고 이런 문구를 전달받는 구성원이 마침 MZ세대이고 저맥락 소통 방식을 사용하며 분석적 사고를 하는 사람이었다라고 가정을 해보겠습니다. MZ세대 구성원은 리더에게 이렇게 질문을 하고 설명을 해달라고 할 수 있습니다.

"팀장님! 저보고 전반적으로 역량이 다소 떨어진다고 하셨는데, 제가 어떤 부분에서 어떻게 역량이 떨어지는지 구체적인 사례를 들어 설명을 해 주실 수 있겠습니까?"

이준석 후보가 나경원 후보에게 했던 반박의 질문 내용과 거의 유사해 보입니다. 또 다른 구성원은 찾아와 또 이렇게 질문을 합니다.

"팀장님! 저보고 협업 업무 능력이 낮다고 하셨는데, 제가 구체적으로 어떻게 협업 업무 능력이 낮은지 말씀해 주실 수 있겠습니까?"

"팀장님! 저보고 협업 및 소통관계에 개선이 필요하다고 하셨는데, 제가 구체적으로 어떤 부분에 어떤 문제가 있으며, 어떻게 개선을 해야 한다고 보신 건지 말씀을 좀 해 주실 수 있겠습니까?"

대부분의 기성세대 리더들이 MZ세대 구성원들에게 이런 질문을 받았다면 어떻게 어떤 수준으로 답변을 해줄 수 있을까요? 이준석 후보의 반박 질문에 즉답을 피했던 나경원 후보처럼 답변을 한다면 구성원들은 받아들이지 않을 것입니다. 이준석 후보처럼 재차 질문을 할 것입니다. 그게 아니라면 팀장의 체면을 지켜주기 위해 겉으로는 수긍하는 척할 수도 있겠지만 돌아서서는 고개를 갸우뚱거리며 팀장의 평가 결과에 근원적 의문을 던질 것입니다. 평가의 공정성과 평가 결과의 수용성은 높아질 수 없을 것입니다.

리더의 피드백 포인트 및 조치사항

【1】받아들이는 사람이 납득할 수 있는 피드백이란?

앞서서 리더는 CODE로 단계 단계를 나누어 명확하면서도 구체적으로 지시를 내리고 구성원 역시 지시 받은 업무의 내용이 궁금할 때는 같은 방식인 CODE의 단계별로 질문하라고 하였습니다. 피드백도 마찬가지입니다. 단계 단계를 끊어가며 리더가 관찰한 바를 있는 그대로 명확히 구체적으로 전달해야 합니다.

관련하여 다음 그림과 같이 SBIE 모델을 소개하고자 합니다.

SBIE 피드백 모델

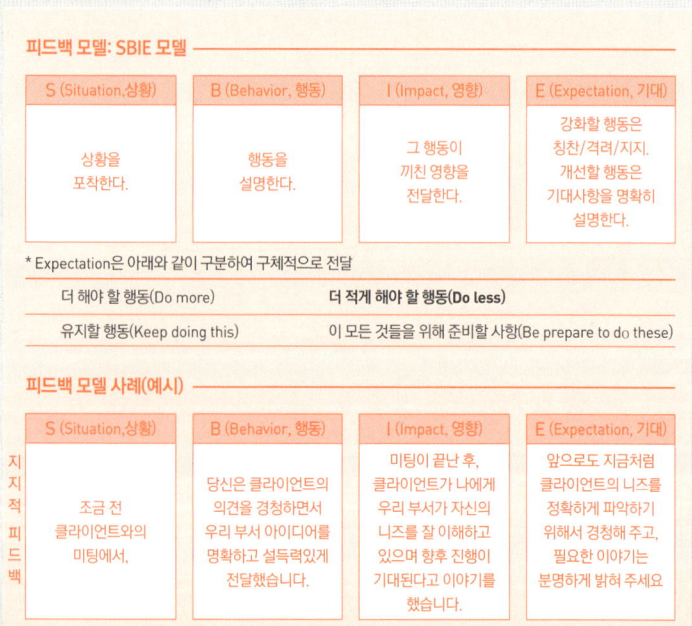

교정적 피드백	S (Situation, 상황)	B (Behavior, 행동)	I (Impact, 영향)	E (Expectation, 기대)
	어제 파트회의에서 우리가 프로젝트 진행사항을 논의하고 있을 때,	당신은 A가 자신의 아이디어를 설명하는 것을 갑자기 중단시킨 후, 당신이 생각하는 A의 아이디어에 대한 문제점을 강하게 이야기 했습니다.	그 결과, 미팅 자리가 어색해지고, 동료들이 더 이상 프로젝트에 대해 논의하지 않게 되었습니다.	나는 파트 동료가 자신의 아이디어를 이야기 할 때, 당신이 좀더 인내심을 가지고 경청하기를 바랍니다.

물론 피드백 모델은 SBIE 모델 외에도 정말 다양한 모델들이 존재합니다. BEE 모델은 Behavior → Effect → Expectation 순서로 피드백을 주라는 것이며 FTA 모델은 Feelings → Thought → Action 순으로 피드백을 주라는 것입니다. FFT 모델은 피드백을 받아들일 만한 사람에게 Fit → 문제 행동에만 초점 Focus → 시기를 놓치지 말고 그 즉시 Timing 맞추어 피드백을 주라고 합니다. 여기서 소개하는 SBIE 모델은 BEE 모델과 유사한 것으로 구성원이 일을 했던 상황 Situation → 구성원의 구체적 행동 Behavior → 그 행동의 구체적 결과 Impact → 리더가 기대하는 성과 개선 행동 Expectation 순으로 피드백을 주는 것입니다.

아마도 리더들의 지금까지의 피드백은 Situation/Behavior/Impact/Expectation 단계별로 구분해서 구성원들에게 전달하는 것이 아니라, Situation/Behavior/Impact는 생략하고 맨 끝단의 리더의 기대사항 Expectation만을 전달했을 것입니다. 이렇게 맨 끝단의 리더의 기대사항만을 전달하게 된 데에는 세 가지 원인이 있습니다.

그 첫 번째 원인은 평소 그때그때 구성원의 일하는 모습과 상황을 관찰/기록해 두었다가 그 즉시 피드백을 전달하는 것이 아니라, 쌓아두고 누적시켜 한꺼번에 전달하려고 하니 아무리 관찰/기록을 잘해 두었다고 하더라고 시간의 경과에 의해 구체적 상황과 행동이 망각되었기 때문입니다. **두 번째 원인은 평소 구성원의 일하는 모습과 상황에 대해 실제 관찰/기록한 것이 없어서 Situation/Behavior/Impact에 대해 해 줄 말이 없기 때문입니다.** 이렇다 보니 Situation/Behavior/Impact에 대한 설명 없이 리더의 기대사항인 Expectation에 대해서만 막연하고 모호하게 전달할 수밖에 없는 것입니다. **마지막 세 번째 원인은 앞단의 세 단계를 불필요하게 판단하기 때문입니다.** "세 살 먹은 아이들도 아니고 초등학생, 중학생들도 아닌데, 뭐 그렇게까지 시시콜콜하게 전달해야 돼?", "지들이 어떻게 일했는지는 지들이 제일 잘 알 텐데⋯ " 물론, 리더들의 생각처럼 그럴 수도 있습니다. 하지만 리더가 생각하는 것만큼 100% 다 완벽하게 알지는 못할 것입니다. 소통을 100%에 가깝게 완벽히 하기 위해, 구성원이 미처 모르고 미처 깨닫지 못한 부분에 대해 리더는 구성원이 인식하게끔 도와주어야 합니다. 또한, 요즘 젊은 세대들은 앞서서 저자가 설명한 것처럼 어렸을 적 학창시절부터 서양식 교육을 많이 받아서 그런지 분석적 사고를 하면서 동시에 저맥락의 소통 방식을 사용합니다. 그렇기 때문에 Situation/Behavior/Impact/

Expectation 단계별로 각각 나누어 명확하게 피드백을 전달해야 합니다. 과거 세대와는 다르게 이젠 정말 말하지 않으면 모르는 것이 당연하다고 생각해야 합니다. 오늘 이 시간 이후 리더들은 맨 끝단의 리더의 기대사항 외에도 앞단의 Situation/Behavior/Impact 단계까지 전달하는 연습을 충분히 하기 바랍니다. 평소의 소통 방식이 한 번에 바뀌지는 않을 것입니다. 하지만 반복 연습을 통해 숙달시키기 바랍니다. 그래야 바뀐 소통 방식, 피드백 방식에 의해 구성원들의 성과 개선을 도울 수 있을 것이며 구성원들이 지금 이상의 성과 창출을 해야만 리더인 나의 성과평가도 아울러 좋아집니다.

【2】실제 피드백 리포트 멘트 작성은 어떻게?

"Situation/Behavior/Impact/Expectation 단계별로 나누어 즉각 적절한 시점을 놓치지 않고 피드백 하는 것은 알겠는데 이런저런 피드백 내용 모두를 피드백 리포트에 적을 수는 없지 않으냐?"라는 질문을 강의 중 쉬는 시간에 받은 적이 있었습니다. 그리고 그 분과 짧은 대화를 나누었고 그 리더분은 본인이 생각하는 해답을 꺼내며 "이렇게 하면 되겠느냐?"고 저자인 제게 동의를 구하였습니다.

보통 수준 이상의 구성원들은 리더에게 문제거리를 가져와 상의를 할 때 기본적으로 그냥 오지 않습니다. 문제의 해결을 위한 자기 자신만의 고민과 시뮬레이션을 거듭한 끝에, 어느 정도 해결이 가능할 것 같은 잠정적인 대안들로 몇 가지 마련해 옵니다. 빈손으로 오지는 않습니다. 리더보다 문제 해결을 위한 실무적인 지식과 정보를 더 많이 가지고 있고 더 많은 고민을 한 사람이 실무자인 구성원일 것입니다. 그렇다면 왜 리더에게 찾아와 상의를 하려고 하는 것일까요? 답을 몰라서 찾아오는 것이 아닙니다. 본인 스스로 답을 알고 있습니다. 다만, 자신보다 더 경험이 많고 지위가 높은 리더에게 자신이 생각한 해답에 대한 확인을 받으려고(confirm) 오는 것입니다. 본인이 잠정적으로 결정한 사항에 대해 확신을 얻고자 리더의 말을 마저 들으려는 것입니다.

보통 수준 이상의 구성원 외에 좋은 질문을 하는 학생, 학습자는 정말 몰라서 선생님 또는 교수자에게 질문을 하는 것이 아닙니다. 동일하게 본인이 생각한 해답에 대해 교수자에게 확인을 받고 자기 확신을 얻고자 질문을 하는 것입니다. 쉬는 시간에 저자에게 질문을 하였던 그 리더 역시도 마찬가지였습니다. 제가 시간 부족을 이유로 강의 중에 마저 설명하지 못했던 부분이 있었는데 그 부분에 대한 질문이었으며 질문과 관련해 본인이 제시한 해답 역시 제 생각이랑 동일하였습니다.

맞습니다. 이런저런 피드백 내용 모두를 피드백 리포트에 병렬적으로 나열할 수는 없을 것입니다. 그렇게 하려면 피드백 리포트 양식의 지면이 더 크게 확보되어야 할 것입니다. 앞서서 보여 드렸던 < OO공공

기관의 역량평가 피드백 리포트 작성 예시(실제 사례) >를 Worst Practice 로 소개해 드린 바 있습니다. 행위동사가 아닌 형용사적, 부사적 표현 중심으로 ' ~ 듯하다.' ' ~ 한 편이다.'와 같이 모호하고 막연하게 기술해서는 안된다고 하였습니다. 이렇게 기술해서는 구성원의 구체적 사례를 들어달라는 요청에 대응할 수 없다고 하였습니다.

　이렇게 설명한 것에 덧붙여 좀 더 세밀하게 다시 설명하겠습니다. 여러 피드백 사례들을 종합하여 피드백 리포트 멘트를 작성할 때는 불가피하게 < OO공공기관의 역량평가 피드백 리포트 작성 예시(실제 사례) > 와 같이 구성원의 여러 행동들을 통칭하는 표현을 사용할 수도 있겠습니다. 다만, 리더는 자신의 개인 노트(성과관리 상담, 피드백 일지와 같은)에 언제 어떤 상황이 있었기 때문에 구성원에게 어떠한 피드백을 주었고 구성원의 생각과 의견은 이러 저러했다와 같은 사실들을 백 데이터로 저장해 두어야 합니다. 이렇게 해야만 구성원의 구체적 사례 제시 요청에 답할 수 있을 것입니다. 저자에게 질문을 하였던 그 리더분도 거의 유사하게 해답을 생각하고 있었습니다. "피드백 리포트는 저렇게 쓰더라도, 백 데이터로 구성원의 구체적 행동과 구성원과 나누었던 여러 얘기들을 정리해 두었다가 그때그때 꺼내서 활용하면 되는 것 아니냐?"라고 본인의 생각을 얘기하며 강사인 제게 확인받고자 하였습니다. 저는 "제 생각도 아주 똑같다, 동일하다."고 맞장구쳐 주었습니다.

Q6

PART I 제도의 운영과 코칭 및 피드백

구성원들이 선호하고 기피하는 업무가 병존합니다. 따라서 부서에서 담당해야 할 목표를 구성원 모두에게 균등하게 배분해 줄 수 있는 방법을 배우고 싶습니다. 요즘 직원들은 "어려운 게 싫다. 평가 결과가 나빠도 되니, 쉽고 간단하고 스트레스 적게 받는 일을 하고 싶다."고 요청하는 경우가 많습니다. 각각의 업무를 어떻게 부여하는 것이 좋을까요?

>> 질문의 상황 맥락

다음의 상황도 유사한 맥락의 질문일 것 같습니다.

"부족함이 보일 뿐만 아니라, 노력하는 모습도 보이지 않는 구성원이 있습니다. 휴가를 사용하거나, 휴직을 하면서 일을 회피하는 모습을 보이기도 합니다. 가장 낮은 평가등급을 주려고 하고 있고 그러면서도 설득은 하고는 있으나, 본인은 OO을 같이 하고 있어서 힘들다는 말만 합니다. 그렇다고 회사를 그만두지는 않습니다. 어떻게 리딩할 수 있을까요?"

법원의 단독부가 아닌 합의부인 경우, 통상 세 명의 판사가 같이 재판을 담당합니다. 가운데 부장 판사와 이를 보좌하는 좌 배석 판사와 우 배석 판사 이렇게 셋입니다. 그런데 요즘 MZ세대 배석 판사들은 부장 판사에게 19시 이후에는 일을 안하겠다고 통보한다는 신문기사를 본 적이 있습니다. 성취동기가 뛰어나 사법고시를 패스하고 판사까지 된 우리 사회 초특급 엘리트들이 모인 법원에서도 우리 주변의 일과 거의 유사한 고민들이 있습니다.

›› 성과관리와 관련된 이론/사례

요즘 조직의 중간 관리자들이 처한 상황을 보면 참으로 안타까우면서도 저자가 만병통치의 약을 조제해 제공해 드릴 수 없다는 자괴감이 들 때가 많아 무기력해지기도 합니다. S전자뿐만 아니라, 아주 많은 조직에서 이 문제로 리더들이 골머리를 앓고 있습니다.

이러한 문제의 책임 소재를 규명한다는 것이 현장의 리더들에게는 큰 의미는 없어 보이지만 그래도 그 책임이 어디에 있는지 먼저 탐색해 보겠습니다. 이 직원의 경우, 평가 결과가 나빠도 된다고 하는 기저에는 정말 괜찮다고 하는 것이 아니라, 평가 결과가 가져다주는 불이익이 그리 크지 않다는 의미입니다. 좋은 평가 등급을 받아 얻게 되는 보상이나 낮은 평가등급을 받아 얻게 되는 보상이 별 차이가 없다는 판단을 무의식적으로 한 것입니다. 열심히 일을 한다는 투입(input) 대비 일을 열심히 한 결과의 보상(output)의 %인 효율성이 떨어지니, 이런 상황이라면 이 직원 말고 다른 직원 역시도 비슷한 생각을 할 것입니다. 다만, 다른 직원들이 상사와 동료의 눈치를 보면서 감히 그렇게까지 하지 못하고 있는 상황에서 이렇게 행동하는 직원은 좀 더 개인주의적이고 이기적인 성향을 가지고 있다고 봐야 할 것입니다.

그 직원이 그렇게 행동하는 데에는 '그렇게 해도 되니까 그렇게 행동하는 것'이라고 저자는 말하고 다닙니다. 이것을 '조직이 만든 태만'이라고 합니다. 마찬가지로 그 직원이 그렇게 행동하는 데에는 리더에게 그렇게 해도 지금까지 통했기 때문에 또는 앞으로 통할 것 같으니까 그렇게 행동하는 것입니다. 소도 누울 언덕을 보고 눕는다고, 그 직원 역시도 그렇게 해도 될 것 같으니까 리더에게 그렇게 하고 있을 것이라 추정해 봅니다. 아닐 수도 있습니다.

물론 회사 외적 요인으로는 노동 개혁, 임금체계 개편과 관련된 사항이 가장 크기는 합니다. 특별히 전년보다 더 열심히 일을 하지 않아도 성과를 내지 않아도 1년 후에 임금이 오르는 호봉급 대신 각각의 직무의 중요도, 난이도, 빈도 등의 가치를 결정해, 가치가 높은 일을 하는 직원의 연봉과 그렇지 않는 직원의 연봉을 원천적으로 구분해 나가는 직무급을 도입해야 하는데 그러지를 못하고 있습니다. 연봉 8천만 원을 받는 직원이 연봉 1억 원을 받기 위해서는 더 어렵고, 더 스트레스 받는 일을 선택해야만 하는 것이 직무급입니다. 하지만 현재의 호봉급 체계 하에서는 인센티브를 제외하고는 어떤 일을 하든지 호봉이 동일하면 같은 연봉을 받게 되어 있습니다. 이런 상황이니 굳이 어렵고 스트레스 받는 일을 선택할 필요가 없는 것이며 괜히 어렵고 도전적인 일을 한다고 목표 설정을 했다가 달성률이 떨어질 수도 있습니다. 또한 명백한 비위행위가 없는데 단순히 일을 열심히 안하는 것으로 대한민국에서 비정규직이 아닌 정규직을 해고한다는 것은 거의 불가능한 일입니다. 이 모든 것들을 요즘 일하는 구성원들은 의식적/무의식적으로 다 인지하고 있습니다. 연봉에 별 차이도 없고 열심히 일 안한다고 자를 수도 없다는 것을 아니까 이렇게 행동을 하는 것입니다. 앞서서도 말씀드렸지만 사람이 그렇게 행동을 하는 데에는 그렇게 해도 되니까 그렇게 하는 것입니다.

하지만 회사 외적 과제인 호봉급이 아닌 직무급의 도입, 성과부진을 이유로 해고할 수 있는 노동법의 유연함 확보, 그리고 회사 내적 과제인 평가등급 간 인센티브 폭의 확대 등은 단기적으로 현장의 리더가 어떻게 할 수 없는 부분입니다. 물론 이러한 과제들이 바람직한 방향으로 해결된다면 지금보다 훨씬 더 리더의 성과관리가 수월해질 것입니다.

리더의 피드백 포인트 및 조치사항

하지만 그때가 언제일지 모르니 지금 이 상황에서의 솔루션을 드리고자 합니다. 두 가지 방법이 있습니다. 이 두 가지 방법은 병행되어야 합니다.

【1】 끊임없는 리더의 설득 대화

첫 번째 방법은 끊임없는 리더의 설득 대화입니다. 물론 지금까지 여러 번 시도하셨을 것이며 효과도 없고 마치 벽에다 얘기하는 것처럼 실망도 포기도 많이 하셨을 것입니다. 그래도 멈추어서는 안되는 것이, 이것이 멈추어지는 순간 상사-부하 직원, 리더-팔로워(또는 구성원)의 관계에 대한 포기, 리더의 기본 역할에 대한 포기가 될 수 있기 때문입니다. 나머지 구성원들이 이렇게 포기하는 리더에 대해 실망할 수도 있습니다. 아울러 이 구성원 1명의 문제로만 그치는 것이 아니라, 쉽고도 스트레스 적게 받는 일을 요청하는 직원에게 리더가 어떻게 대응하고 조치하는지를 나머지 구성원 모두가 지켜보고 영향을 받을 것이기 때문에 전체의 문제라 생각해야 합니다. 예외를 허용하지 않으면서 형평성/공정성의 문제가 발생하지 않도록 대응해야 할 것입니다.

【2】다른 구성원의 힘을 빌리는 방법

첫 번째 방법이 리더-구성원 간 1 vs. 1의 상황을 기본으로 한다면 **두 번째 방법은 구성원 vs. 구성원의 상황을 기본으로 하는 방법입니다. 이 이제이(以夷制夷)까지는 아니어도, 리더의 힘만으로는 부족하니 구성원 다수의 힘을 빌리는 방법입니다.** 쉽고 스트레스를 적게 받는 일만 하려는 직원, 노력하지 않으면서 일을 회피하는 직원 모두 리더와의 1 vs. 1 면담 시에는 부끄러움을 무릅쓰고 안면몰수를 해서라도 일을 적게 받으려고 할 것입니다. 리더 앞에서는 칭얼대면서 하소연을 하면서 업무를 못 받겠다고 할 것입니다. 그렇기 때문에 다른 구성원들의 힘을 빌려야 합니다.

즉, 연초에 어느 정도 구성원별 가목표가 설정이 되면, 각자가 설정한 목표의 수준과 목표의 내용, 세부 실행계획 등을 상호 간에 발표하고 피드백을 받고 평가를 주고받는 목표 설정/공유 워크숍을 개최하여야 합니다. 리더 앞이 아니라 전 구성원 앞에서 각각 어느 정도 수준의 목표를 설정하였는지, 얼마나 중요하고 난이도가 높은 또는 낮은 일을 하고 있는지 낱낱이 공개하는 자리를 만들어야 합니다. 특히나 쉽고 스트레스를 적게 받는 일만 하려는 직원, 노력하지 않으면서 일을 회피하는 직원들에게 이런 워크숍은 그들 자신이 어떻게 일을 하고 있는지, 어느 정도 수준의 구성원인지 알게 합니다. 부끄러움을 느끼게 하고, 반성을 하고, 궁극적으로는 동료 구성원들의 피드백과 평가를 통해 목표 수준의 상향 조정을 도모하려는 것입니다. 동료 간 벤치마킹 학습을 통해 나머지 구성원 전체의 목표 수준도 상향평준화될 수 있을 것입니다.

리더 앞이 아닌 동료 구성원 모두가 참여하는 이런 워크숍의 자리에 서까지 부끄러움을 모르고 "나는 이런 저런 이유 때문에 일을 적게 받을 수밖에 없다.", "나는 이런 일은 못하고, 저런 일만 하겠다."는 구성원은 별로 없을 것입니다. 세상이 많이 바뀌었어도 여전히 인간은 사회적 동물입니다. 여러 가지 행동의 기준이 나 외에도 다른 사람 때문인 경우가 많습니다. 굳이 승진을 안하겠다는 구성원들이 많이 나오고 있다 합니다. 예전과 다르게 승진을 하면 권한 이상으로 책임만 많고 말 안 듣는 구성원으로부터 오는 스트레스도 많기 때문입니다. 하지만, 이런 구성원들도 최소한 입사 동기들이 하는 만큼은 승진해야겠다고 생각한다고 합니다. 승진의 니즈가 '승진해서 내가 무엇을 이루겠다'와 같은 자신 자신에 있는 것이 아니라, 입사 동기들과 같은 외부에 있습니다. 인간은 사회적 동물이며 자신이 아닌 외부로부터의 사회적 비판에 더 민감하게 반응합니다. 리더 혼자가 아닌 다른 구성원들의 힘을 빌려 사회적 비판에 직면하게 상황을 연출하였으면 합니다. 물론 이런 사회적 비판은 성과의 개선과 목표의 상향 조정을 목표로 합니다. 이 결과 해당 구성원이 자포자기하게 하고 다른 구성원들로부터 왕따를 당하게 되는 상황으로까지 이어지게 해서는 안됩니다.

물론 이런 워크숍을 통해서도 문제가 해결되지 않을 수 있습니다. 맹자(孟子)는 공손추편(公孫丑篇)에서 사람의 마음을 네 가지로 구분했습니다. 이를 사단(四端)이라 합니다. 사단이란 네 가지 단서(端緒), 즉 네 가지 인간의 본성(本性)에서 우러나오는 착한 마음을 이르는 말입니다. 사단은 측은지심(惻隱之心), 수오지심(羞惡之心), 사양지심(辭讓之心), 시비지심(是非之心)인데, 이 중 수오지심이란 자신의 잘못된 행동을 수치스럽게 생각하고 부끄러움을 아는 마음을 말합니다. 부끄러움과 수치를 느끼고 당황한다는 것은 자신의 행동에 대하여 잘못을 안다는 증거입니다. 반대로 부끄러움과 수치감을 느끼지 못하고 오히려 떳떳해 한다는 것은 자신의 잘못된 행동에 대하여 잘못을 느끼지 못한다는 증거입니다. 사람은 수치스런 행동을 한 후에 수치감을 느껴야 정상입니다. 하지만, 잘못된 행동을 했으면서도 부끄러움을 모른다면 사람이 아니라는 말입니다.

리더 앞뿐만 아니라 구성원 앞에서도 부끄러움을 모른다면 실제 현장의 리더 선에서 해결할 방법은 이제는 없습니다. 내 상급자 및 인사부서와의 협의를 통해 다른 부서 전출, 전혀 다른 직무 부여와 같은 인사적 조치가 뒤따라야 할 것입니다. 이 때 리더가 주의하여 할 것이 하나 있습니다. 인사적 조치의 대상 구성원 외에, 다른 구성원로부터 동의를 받아야 합니다. 리더의 이런 결정의 불가피함과 당위성, 타당성에 대해 충분히 홍보하고 지지를 이끌어 내야 합니다. 그렇기 때문에 목표 설정/공유의 워크숍을 통해 각자가 어떻게 일하고 있는지를 알게 하는 것이 필요했던 것입니다. 다른 구성원의 이런 동의와 지지가 없다면, 내 상급자와 인사부서는 이 상황을 리더십의 문제, 리더의 장악력 부재로 잘못 볼 수 있을 것입니다.

다른 구성원의 동의와 지지가 없다면 리더가 투명하고 공정한 원칙과 기준을 가지고 목표를 부여하고 일을 배분하고 그 일을 한 잘잘못에 대해 소신 있게 평가를 하는 것이 어려워질 것입니다. 특정 구성원에게 인사적 조치를 취하는 것이 힘들어질 것입니다. 나의 리더십은 이 이후에도 계속되어야 하며, 리더의 성과관리는 여전히 진행되어야 하기 때문에 이런 조치는 필요합니다.

1/n로 일을 공평하게 배분하는 것이 공정한 것이 아니라, 각 구성원의 업무 역량 등의 특성을 감안하면서 일의 중요도와 난이도가 편중되지 않게 조정해 주는 것이 공정한 것입니다. 당연히 리더가 이런 역할을 주도해야겠지만 때로는 목표 설정/공유 워크숍의 동료 구성원 간 피드백과 상호평가를 통해 도움을 받을 수도 있습니다. 어떤 업무가 더 중요도가 높은지, 어떤 업무가 난이도가 더 낮은지 정답이 나와 있는 교과서와 매뉴얼은 없습니다. 한마디로 정답이 없는 것입니다. 그렇기 때문에

앞으로 Q16에서 소개할 <업무의 중요도와 난이도 결정 Tool>을 통해 목표의 중요도와 난이도를 포지셔닝 하고, 다시 포지셔닝 하고, 또 다시 포지셔닝 하고, 동료들의 의견을 들어가며 조정하고, 또 조정하면서 전체 구성원들이 해당 목표의 중요도와 난이도에 동의를 하고 합의를 하면 그게 정답인 것입니다.

Q7

PART I 제도의 운영과 코칭 및 피드백

성과 부진자에 대해 리더들이 전반적으로 어떻게 대응하고 코칭해야 하는지 궁금합니다.

 **≫ 질문의 상황 맥락**

성과 부진자의 유형도 다양하고 성과 부진의 상황도 다양할 것입니다. 어떤 구성원은 열심히는 일하는데 기본 역량이 부족해 목표 달성률이 떨어질 것이며, 또 어떤 구성원은 기본 역량은 충분한데 열심히 일하고자 하는 태도가 부족해 성과가 부진할 것입니다. 하지만 Q7의 질문은 리더들이 성과 부진자들에게 전반적으로 어떻게 대응하고 조치하고 코칭을 해야 하는지에 대한 것입니다.

≫ 성과관리와 관련된 이론/사례

기본적으로는 보통 성과자 내지 저성과자의 성과 부진 원인에 대한 탐색을 먼저 해야 합니다. "구성원 개인의 문제인지?" 아니라면 "일을 하는 환경의 문제인지?" 다음 그림의 내용을 먼저 살펴보겠습니다.

일을 잘못하는 직무수행 문제의 실제 원인

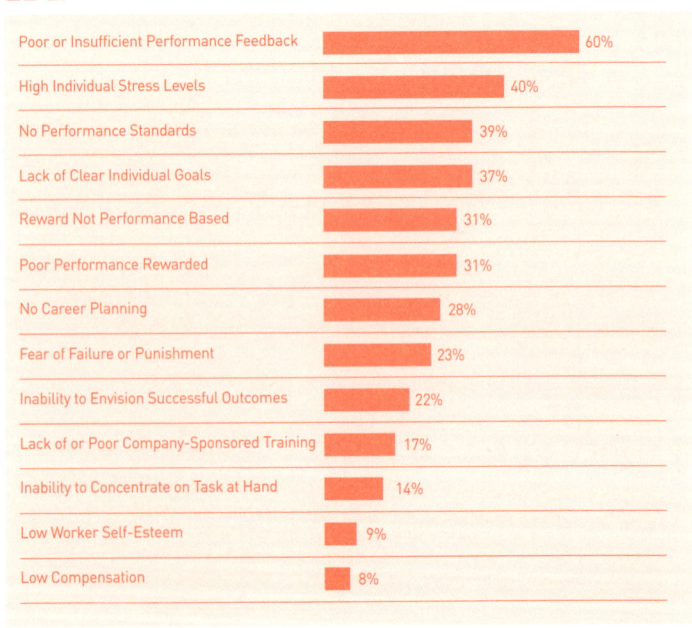

출처 : Closing the Human Performance Gap, The Conference Board

미국의 한 설문조사 결과입니다. 복수 응답이어서 %의 합이 100을 넘습니다. 흔히들 '일을 잘하지 못하는 직원이 있다.'라고 하면 교육훈련 부족을 그 원인으로 진단하는 경우가 많은데, 이 조사 결과는 다르게 이야기하고 있습니다.

실제 '교육훈련 부족'은 일을 잘못하는 여러 원인 중 10위인 17%(Lack of or Poor Company-Sponsored Training)지만 **1위는 '성과 피드백의 부족'이 60%**(Poor or Insufficient Performance Feedback)이었으며, 2위는 '개인적 스트레스', **3위는 '성과평가 기준 부재'**, **4위는 '개인 목표의 불명확'**, 5위는 '성과에 기반하지 않은 보상', 6위는 '보상의 부족' 등으로 교육훈련 부족보다는 성과관리, 성과평가의 문제, 목표, 보상의 문제가 일을 잘못하는 원인의 대부분이었습니다.

성과관리 프로세스상의 성과평가 기준 또는 성과목표 설정, 성과 피드백, 성과 창출에 따른 보상 등이 구성원의 직무수행과 더욱더 크게 관련이 있으며 구성원이 일을 잘하고 싶어도 일을 잘못하게 하는 구조적 원인 또한 이상의 것들의 부재에서 기인하는 것입니다. 목표의 부재 또는 불명확화, 목표가 제대로 설정되어 있지 않으니 그 목표의 달성 여부도 판단하기 어려운 것입니다. 즉, 목표가 없으면 성과평가의 기준도 없는 것이 됩니다. 그리고 성과평가 기준이 없으니 어떤 기준을 가지고 비교해 평가하고 피드백 할 수도 없는 것입니다. 그만큼 목표는 중요한 것입니다. 결국, 이 목표의 문제 때문에 구성원들은 자신의 능력을 제대로 발휘하지 못하게 됩니다.

구성원이 일을 제대로 잘하지 못하는 성과 부진의 원인으로는 목표 설정의 문제 외에 네 가지가 더 있습니다. 다음의 그림을 또 봐주기를 바랍니다.

성과 부진의 원인 4가지

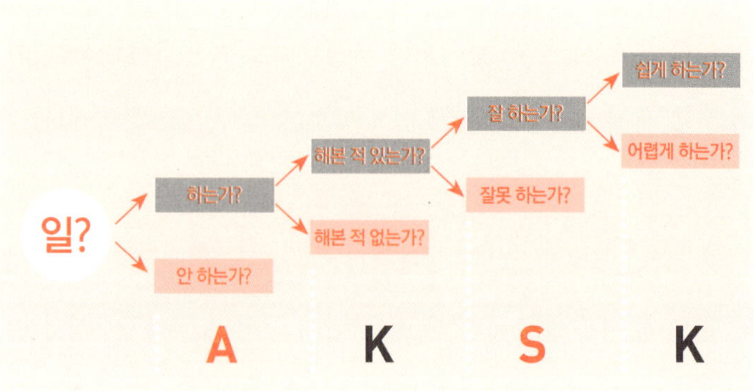

출처 : THE GOAL : 성과관리 리더십, p.167, 이재형 저

구성원은 크게 일을 하는 사람과 안 하는 사람으로 구분된다고 합니다. 또 일하는 사람은 다시 일해본 적 있는 사람과 해본 적 없는 사람으로 구분됩니다. 그리고 일을 해본 적 있는 사람은

일을 잘하는 사람과 잘못하는 사람으로 구분됩니다. 끝으로 일을 잘하는 사람은 다시 일을 쉽게 하는 사람과 일을 어렵게 하는 사람으로 구분됩니다. "일하느냐? 안 하느냐?"를 결정하는 것은 Attitude, 태도입니다. "일해본 적 있느냐? 해본 적 없느냐?"를 결정하는 것은 Knowledge, 지식입니다. 다시 "일을 잘 하느냐? 잘못 하느냐?"를 결정하는 것은 Skill, 기술입니다. 그리고 "일을 쉽게 하느냐? 어렵게 하느냐?"를 결정하는 것은 Knowhow, 노하우입니다.

즉, 일하고자 하는 태도, 일하게 하는 지식, 일을 잘할 수 있게 하는 기술, 일을 쉽게 할 수 있게 하는 노하우의 불충분으로 구성원은 성과 부진에 빠집니다.

그리고 구성원이 일을 잘못하게 되는 이상의 4가지 원인 외에 2가지 원인이 더 있습니다. 태도, 지식, 기술, 노하우를 갖추고 있어도 내부 장애요인과 외부의 장애요인에 의해 일도 못하게 되고 성과도 제대로 창출하지 못하게 되는 경우가 있습니다.

내가 잘할 수도 있고 하고 싶은 일이 따로 있는데, 다른 일을 해야 하는 업무분장의 잘못과 후진적 업무 프로세스 및 IT시스템의 불충분한 지원도 성과 부진의 다섯 번째 원인입니다. 이는 내부 장애요인입니다.

일하고 싶어도, 일을 잘할 수 있는 내부 환경이 구축되어 있어도 세계적 경제위기 및 정부 정책 변경, 전염병의 세계적 확산 등으로 인해 성과가 부진할 수도 있는데 이것이 바로 성과 부진의 여섯 번째 마지막 원인입니다. 이는 외부 장애요인입니다.

리더의 피드백 포인트 및 조치사항

목표 설정과 관련된 것 외에 바로 전까지 말씀드린 성과 부진의 원인 6가지, 그냥 두어서는 안될 것입니다. 지금부터는 성과 부진의 6가지 원인에 대한 처방, 해결 방법에 대해 설명하겠습니다. 다음의 그림을 봐 주기를 바랍니다.

성과 부진의 해결 방법 I

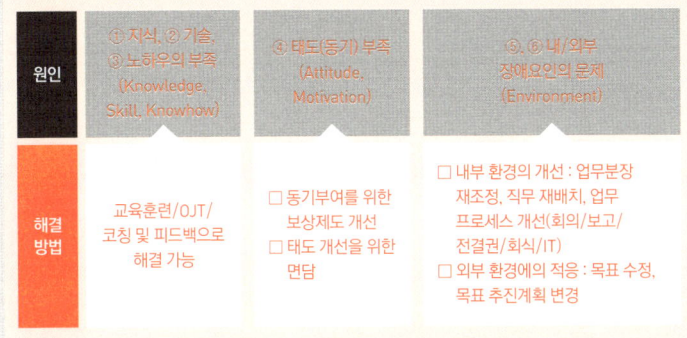

출처 : THE GOAL : 성과관리 리더십, p.170, 이재형 저

먼저 **① 지식과 ② 기술, ③ 노하우가 부족할 경우에는 교육훈련이라는 조치를 취합니다.** 또한, 업무 현장에서 상사나 선배로부터 주어지는 코칭 및 피드백도 성과 부진의 해결 방법으로 중요합니다. 종종 태도의 문제, 내/외부 장애요인의 문제까지 교육훈련이라는 처방을 사용하는 경우가 있는데 이는 바람직하지 않습니다. 경영자 또는 리더라면 구성

원들의 성과 부진, 직무수행의 문제의 원인을 정확히 진단해야 합니다. 그리고 이러한 정확한 원인 진단이 있고 난 뒤에야 문제해결을 위한 처방도 정확히 내릴 수 있습니다.

다음으로 구성원의 ④ 태도 부족이 문제인 경우에는 동기부여를 위한 보상(인센티브) 제도 개선, 태도 개선을 위한 면담 등의 조치를 취합니다. 끝으로 ⑤ 내부 및 ⑥ 외부 장애요인이 문제인 경우에는 업무분장 재조정, 직무 재배치, 업무 프로세스 개선(회의/보고/전결권/회식/IT)과 같은 내부 환경의 개선과 목표 수정, 목표 추진계획 변경 등과 같은 외부 환경의 적응 조치를 취합니다.

그렇기 때문에 한 회사의 경영진, 간부 직원, 팀장들은 성과관리를 하면서 구성원들이 어떤 원인으로 성과가 부진한지에 대해 면밀히 살펴보아야 합니다. 병을 진단하면서 원인을 정확히 규명해야지 처방도 정확하고 효험도 있는 것처럼, 성과가 부진한 원인도 정확히 규명되어야 합니다. 이래야 조직의 자원 낭비 없이 올바른 처방을 찾아 일을 잘 못하는 구성원들을 일을 잘하게 만들고, 생산성도 높이고, 목표도 달성하고, 성과도 창출할 수 있습니다.

성과 부진의 해결 방법에 대해 다음의 따로 그려진 그림을 통해 추가로 설명을 하겠습니다. 성과가 부진한 저성과자(한 때는 'C player라고도 불림) 구성원에게 리더인 팀장은 성과관리 차원에서 어떠한 조치를 취해야 할까? 다음의 그림을 통해 설명해 드립니다.

성과 부진의 해결 방법 II

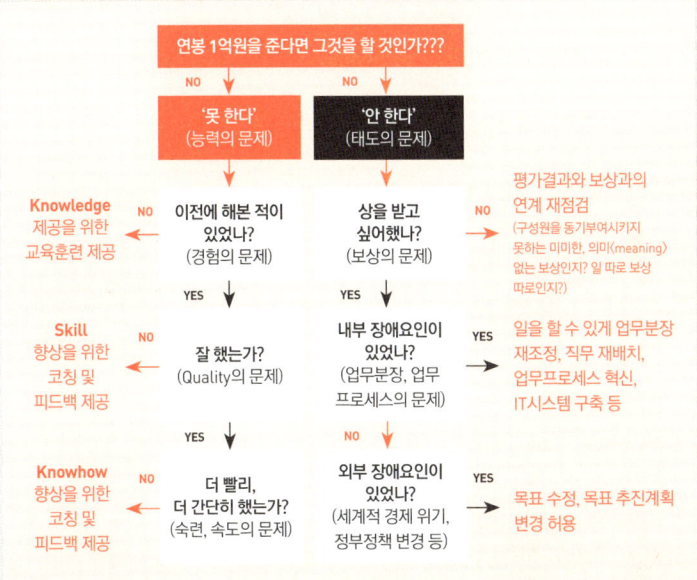

출처 : THE GOAL : 성과관리 리더십, p.175, 이재형 저

성과관리 또는 리더십을 강의하는 많은 강사들이 이 경우에 활용하는 도구가 '백만 불의 질문 : 못 한다 vs. 안 한다' 그림입니다. 저자는 이 그림에 앞서서 설명해 드린 '성과 부진의 나머지 원인 4가지', '성과 부진의 해결 방법 I '을 더하여 나름대로 변형시킨 그림을 가지고 성과 부진자, 저성과자를 관리하는 방법을 제시합니다. 물론, 이 경우에 목표는 잘 설정되어 있다고 가정합니다. 실제는 목표가 없거나 모호하게 설

정되어 성과가 부진한 경우가 많다고 앞서서 말씀드린 바 있습니다. 하지만 일단은 목표에는 문제가 없다고 가정하고 구성원의 '능력'과 '태도'의 변수만을 가지고 그림을 새로 작성해 보았습니다. 그림의 제목도 백만 불에서 연봉 1억 원으로 변경하였습니다. 실제 백만 불은 12억 원이 넘는 금액이니 이 정도면 능력과 태도와 상관없이 일하게 될 것 같다는 저자 나름의 판단을 내렸습니다.

먼저 성과 부진자가 '못 한다'고 할 경우에 이것은 능력의 문제입니다. 그리고 "이전에 해본 적이 있었나?"라는 질문에 'No'라고 답한다면 지식, 정보 제공을 위한 기초적 교육훈련이 제공되어야 합니다. 다행히 'Yes'라고 답한다면 그다음 질문이 기다립니다. 해본 적이 있었던 그 일에 대해 "잘 했는가?"라고 묻습니다. 'No'라고 한다면 했었던 그 일을 심화시키기 위한 기술이 제공되어야 합니다. 팀장의 코칭 및 피드백을 통해 구성원을 숙련시킬 수 있고 일의 Quality를 높일 수 있습니다. 'Yes'라고 답한다면 그다음 질문으로 또 이동합니다. 일을 잘하기는 했어도 기왕이면 효율적으로 "더 빨리, 더 간단히 했는가?"라고 묻습니다. 'No'라고 한다면, 일의 효율성 제고를 위한 팀장의 업무 노하우 팁이 제공되어야 합니다. 성과 부진자에 대한 관리 방법으로 단순 지식, 정보 습득을 위한 연수원 집합교육보다 일을 통한 육성과 이러한 일의 진행 과정 속에서 팀장의 코칭을 통한 업무지도의 비중이 실제로 더 크다고 할 수 있습니다.

다음으로는 성과 부진자가 '안 한다'고 할 경우입니다. 이것은 태도의 문제입니다. "상을 받고 싶어 했나?"라는 질문에 'No'라고 답한다면 평가 결과의 보상 연계에 문제점은 없는지 살펴보아야 합니다. 실제 보상 제도는 있지만 너무 미미하거나 구성원의 경력개발과 개인 비전 실현을 위해 무의미한 것들뿐이어서 구성원을 제대로 동기부여 시키지 못하는 경우일 수 있습니다. 또 그게 아니라면 '일 따로, 보상 따로' 현상처럼 일한 만큼 보상이 공정하게 제대로 배분되지 않아 구성원이 보상에 대해 기대도 안 하고 있고 절망하고 포기를 하는 경우입니다. 반대로 'Yes'라고 한 경우에는 그다음 질문에 답을 해야 합니다. 전공, 경력, 경험, 전문성 등을 고려하지 않는 업무부여, 업무량의 적정하지 않은 할당, 일은 하고 싶지만 오히려 그 일의 진행을 방해하는 불합리한 업무 프로세스 등의 "내부 장애요인이 있었나?"라는 질문입니다. 이 질문에 'Yes'라고 한다면 연도 중이라도 업무분장 내용을 다시 살피고 구성원들의 의견을 반영하여 업무를 재조정해 주어야 합니다. 때에 따라서는 임원과 동료 팀장과의 협의를 통해 다른 팀으로의 이동과 같은 직무 재배치도 해야 합니다. 업무 효율화를 돕기 위한 전산개발과 같은 것도 검토해야 합니다. 'No'라고 한 경우에는 또 그다음 질문에 답을 합니다. 외부 요인에 대한 질문입니다. 우리 회사 경영진도 어쩌지 못하는 세계적 경제 위기, 정부 정책 변경 등과 같은 "외부 장애요인이 있었나?"라는 질문입니다. 'Yes'라고 한다면 원칙적으로는 연도 중 변경해서는 안된다고 했던 목표를 수정해 주어야 합니다. 정말 불가항력적인 불가피한 외부 환경변화도 있을 수 있습니다. 아울러 수정된 목표를 달성하기 위한 추진계획도 변경을 허용해 주어야 합니다.

엄밀히 말하면 그림 우측의 '안 한다'의 경우는 첫 번째 질문만 태도에 관한 것입니다. 두 번째, 세 번째 질문은 내/외부 환경 및 시스템, 제도의 문제에 관한 것입니다. 하지만 이러한 환경과 시스템의 문제가 일을 포기하게 하고 일을 안 해도 되는 핑곗거리, 변명거리를 만들기 때문에 태도와 전혀 관련이 없는 것도 아닙니다.

구성원 중에 성과가 정말 부진한 사람이 있다면 자의적으로 판단하여 교육을 보내거나 성급하게 정기인사 시기에 다른 부서로 전출시킬 일이 아닙니다. 위 그림의 어느 부분에 해당하는지를 먼저 확인하기를 바랍니다. 그리고 그에 맞는 적정한 조치를 강구하기 바랍니다.

Q8

PART I 제도의 운영과 코칭 및 피드백

일은 열심히 하는데, 만족스럽지 못하게 하는 구성원은 어떻게 코칭해 주면 좋을까요?

 **>> 질문의 상황 맥락**

물론 이 질문의 경우에는 태도는 좋은데 기본 역량이 부족해 최종 업적이 안 좋은 구성원을 얘기하는 것입니다. 이러한 구성원에 대해 리더는 어떤 조치를 취해야 하는지 이 유형을 포함한 성과 추진의 유형을 11가지로 마저 구분해 각각의 조치방법에 대해 설명하겠습니다.

>> 성과관리와 관련된 이론/사례

다음의 표는 '역량·태도·업적'에 따른 11가지 성과 추진상황입니다. 즉, 역량의 'Good/Middle/Bad'에 따라, 태도가 '긍정적/부정적'이냐에 따라, 업적이 'High/Low'이냐에 따라 성과 추진상황을 분류해 놓고 11가지 유형에 따라 리더가 구성원에게 어떤 조치를 취해야 하는지를 정리한 것입니다.

구성원의 역량/태도/업적에 따른 조치방법

업적	태도	역량 Bad	Middle	Good
HIGH	긍정적	• 목표가 하향 설정되어 있어, 목표를 쉽게 달성하는 경우임. 목표의 상향 설정과 역량 배양에 집중시켜야 함. • 또는 외부 요인의 도움으로 업적이 좋은 경우임. 외부요인의 영향을 제거한 상태에서 목표 재점검 필요	• 육성에 초점을 두고, 더 나은 업적창출을 위해 개발하고 향상시킬 역량 항목이 무엇인가를 찾아 개발 • '새로운 영역'에서의 도전 목표를 제시하여 일을 통한 육성 유도	• 권한 위임해 주고, 대부분의 모든 것들을 스스로 할 수 있게 지원 간섭을 최소화 하지 않으면, 오히려 동기 저하됨 • '새로운 영역'에서의 도전을 통해 경력을 추가하기를 원한다면 지원
HIGH	부정적	• 위와 동일 • 추가한다면, 목표상향 조정 시, 특히나 업적이 하락할 경우 역량 배양 외에 관련 태도가 습관이 되어 조직 분위기에 영향을 미치지 않도록 조기에 다잡아야 함	• Burn-out 되어 가는 구성원으로 조만간 업적 하락 예상, 따라서 활력을 찾게 만드는 조치 필요 - 장기 교육과정 기회 제공 등을 통해 성찰과 리플레쉬를 제공 - Job Rotation을 통해 새로운 역량, 새로운 분야에 흥미를 가지고 도전할 수 있도록 유도	
LOW	긍정적	• 신입 직원일 경우에는 조기 전력화를 위한 구체적인 역량 개발 계획 제시 -연수원교육, e-learning, 1:1 Mentoring 등 최소 6개월 간의 학습 계획 수립 • 신입 직원이 아닐 경우, 기본적 역량 부족이 업적 부진으로 이어지는 바, 이것이 지속적일 때는 부적합 인력으로 판단할 수도 있음을 경고	• 낮은 업적이 특정 역량의 미흡 때문이라면, 해당 역량에 집중 개발 기회 제공(족집게 육성) • 작은 성공 체험을 할 수 있게 하여 자신감을 획득하게 하고, 이 자신감이 업적 개선으로 이어지게 유도함	• 외부 요인, 목표의 지나친 상향 설정이 원인이 되어 업적이 부진한 경우임. 따라서 외부 요인을 감안하면서 목표를 일부 하향 설정

L O W	부 정 적	• 이러한 상황이 2년 이상 지속될 경우, 인사적 조치 절차 진행 – 인사팀과의 협의 후, 다른 부서, 다른 직무 재배치 * 방치 시, 조직문화에 악영향이라는 더 큰 손실 초래	• '적극적 태도로의 전환'을 먼저 요구, 거부 또는 진전이 없을 시 강력한 경고 후, 인사적 조치도 가능함을 통보 – 역량 개발은 그 다음 과제로 진행	• 업무 과부하, 저부가가치 업무의 장기 수행 등으로 이미 Burn-out된 구성원, 따라서 • 부정적 태도를 바꾸고, 활력을 찾게 만드는 조치 필요 – 면담코칭 및 피드백, 심리상담 등 – 장기 교육과정, Job Rotation 제공 등 *다만 이 모든 것들이 업무 부진을 정당화 해주지는 못하며, 지속적인 업무 부진은 본인의 책임임을 확실히 해둠

출처 : 진짜 성과관리 PQ, p.364, 송계전 저(著)를 참고하여 저자가 새롭게 제작

예를 들면, 역량이 Good이고 태도도 긍정적인데 업적이 Low인 경우에는 외부환경 변화 또는 목표의 지나친 상향 설정이 원인이 되어 업적이 부진한 경우일 수 있기 때문에 외부 요인을 감안하면서 목표를 일부 하향 조정시키는 방법이 있을 것입니다. 또한, 역량이 Bad이고 태도가 긍정적인데 업적인 Low인 경우, 신입 직원일 경우에는 조기 전력화를 위한 구체적인 역량 개발 계획을 제시하여야 하며 신입 직원이 아닐 경우에는 기본적 역량 부족이 업적 부진으로 이어지는 것이기 때문에 이것이 지속적일 때는 부적합 인력으로 판단할 수도 있음을 경고해야 합니다.

나머지 9개 상황 역시 앞의 표를 각각 확인하면 됩니다.

리더의 피드백 포인트 및 조치사항

'85 vs. 15 Rule'이라는 것이 있습니다. '조직 전체의 (수행) 문제에 대한 책임 중 고작 15% 정도가 직원들 몫(지식, 기술, 태도)이며 나머지 85%는 대개 시스템, 환경의 몫'이라는 것입니다. 이는 태평양 전쟁 이후, 몰락한 일본 산업계를 다시 부흥시키게 한 계기인 도요타 자동차의 '전사적 품질경영(TQM : Total Quality Management)'을 만든 미국의 저명한 품질관리 대가 에드워드 데밍(Edward Deming) 박사가 이야기한 것입니다. 즉, 흔히들 예단하는 것처럼 구성원들이 일을 잘못하는 문제의 원인은 구성원 개인의 문제인 지식, 기술, 태도 부족보다는 조직 전체의 시스템, 환경 미비 때문인 경우가 더 크다는 것입니다. 그리고 여기의 시스템, 환경에는 리더십의 문제를 포함한다고 합니다.

경영자 또는 리더라면 구성원들의 성과 부진, 직무수행의 문제의 원인을 정확히 진단해야 합니다. 다양한 조합의 상황이 있습니다. 경영자와 리더는 구성원에 대한 잘못된 편견에 의해 성과 부진의 원인을 구성원의 잘못된 태도와 역량 부족으로만 몰고 가는 잘못을 저지르지 말아야 합니다. 외부환경 요인을 포함한 정확한 원인 진단이 있은 후에야 문제해결을 위한 정확한 처방도 나올 수 있습니다.

Q9

PART Ⅰ 제도의 운영과 코칭 및 피드백

본인의 잘못이 아닌 곳에서 문제가 지속적으로 발생하여 업무에 자신감을 잃고 있고 업무 스트레스도 받는 경우에 리더로서 어떤 조치를 취해 주어야 할까요?

 》 질문의 상황 맥락

리더로서 가장 안타까운 경우입니다. 필요 역량도 갖추고 있고 나름 열심히 하고는 있는데 본인의 노력 여하, 본인의 잘잘못과는 상관없이 결과가 안 좋은 경우입니다. 특히나 리더 입장에서는 구성원 숫자도 적지 않은 상태라 핵심과제 내지 전략과제를 수행하는 구성원들이나 태도가 안 좋은 성과 부진자들에게만 신경을 쓰느라 제대로 살펴보지 못했다는 미안함과 자책도 함께 느낍니다. 그렇기 때문에 뭐라도 해 주고 싶은데 리더의 업무 우선순위에서 자꾸 밀려 계속 안타까운 마음인 것입니다.

▶▶ 성과관리와 관련된 이론/사례

바로 앞의 표 **'역량·태도·업적'에 따른 11가지 성과 추진상황**과 마찬가지로 바로 앞의 '조직 전체의 (수행) 문제에 대한 책임 중 고작 15% 정도가 직원들 몫(지식, 기술, 태도)이며, 나머지 85%는 대개 시스템, 환경의 몫'이라는 '85 vs. 15 Rule'을 다시 한 번 살펴보기를 바랍니다.

리더의 피드백 포인트 및 조치사항

'85 vs. 15 Rule'을 구성원에게 소개해 주며, 해당 구성원의 성과가 정말 안 좋은 원인을 정확히 진단해 알려주는 것이 필요합니다. 원인과 상관없이 결과가 안좋기 때문에 본인은 분명 자책을 하고 있을 것입니다. 결과가 안 좋은 원인을 구성원 개인의 잘못과 시스템, 환경의 문제로 구분하여 구성원의 마음의 짐을 먼저 덜어주어야 합니다. 리더는 구성원이 심한 자책을 통해 자신감을 잃고 다른 사람의 눈치를 보며 대인 기피증이 생기지 않게 필요한 정보를 제공해 주어야 합니다.

다음으로는 물리적인 방법입니다. 대한민국의 리더들은 미국의 리더들처럼 'fire(해고)' 권한은 없지만 업무분장 권한만큼은 가지고 있습니다. 업무를 바꾸어 주는 것입니다. 그동안 담당했던 일보다 난이도도 낮으며 외부환경 요인 변수가 거의 없어서 본인의 시간과 노력 투입 정도에 비례해 성과를 얻어낼 수 있는 업무를 새롭게 담당하게 합니다. 그랬다가 서서히 조금씩 더 중요한 일로 업무를 바꾸어 주면서 자신감을 회복하게 만드는 것입니다. 물론, 시간이 걸릴 것입니다. 하지만 시간과 노력 투입 없이 그냥 잘되는 일은 없습니다. 세상에 공짜가 없는 것입니다. 리더의 시간과 노력을 투입하는 것에 비례해 구성원은 자신감을 다시 얻고 리더가 기대한 바대로 성과를 창출할 것입니다.

다만, 조심하고 유의해야 할 부분이 있습니다. 해당 구성원 및 동료 구성원들이 바로 눈치를 챌 정도로 해당 구성원을 특별 배려해서는 안 되겠습니다. 어려운 일을 담당했던 구성원에게 누가 봐도 쉬운 일을 갑자기 아무런 이유와 명분, 논리 없이 맡긴다면 해당 구성원도 부담감을 느끼고 미안해하고 창피해할 것이며 동료 구성원 역시도 특별한 배려의 의도를 알고 수군댈 것입니다. 해당 구성원의 자존감, 자신감은 더 상실될 것이며 새로운 스트레스 요인이 될 것입니다. 조금은 참았다가 자연스러운 계기(정기 업무분장, 타 부서 전출입 등)를 기다려 신중하게 리더의 계획을 실행에 옮기기를 바랍니다. 해당 구성원 한 명만 업무분장을 새롭게 내어 주목받게 하지 말고 여러 다른 구성원들과 함께 업무분장을 내어 눈치채지 못하게 하는 것입니다. 이렇듯 리더의 안 보이는 배려와 존중이 구성원을 살립니다. 그냥 한두 해 보고 안 볼 구성원이 아니라면 구성원의 성장을 위한 방법을 고민하고 길을 내 주기를 바랍니다.

Q10

PART I 제도의 운영과 코칭 및 피드백

조직에는 잘난 사람, 못난 사람이 다 있습니다. 리더는 그 모든 사람을 다 끌고 나아가야 한다고 배우고 있습니다. "자신은 능력이 없다." 여기며 일찌감치 자포자기한 구성원들은 어떻게 격려할 수 있을까요? 포기해야 할까요? 아니면, 어떡하든 끌고 함께 가야 할까요?

>> 질문의 상황 맥락

과업을 수행하면서도 계속 이런저런 구성원들의 모습이 리더의 눈에 뜨이는 경우입니다. 이런 리더들은 과업 지향적이기보다는 관계 지향적인 리더십을 조금이라도 더 가지고 있을 것입니다. 관계 지향적 리더들일수록 이런 고민의 정도가 강합니다. 자녀가 여럿이어도, 구성원이 여럿이어도 마찬가지일 것입니다. 잘하는 사람이 있는 반면에 잘못하는 사람도 항상 존재합니다. 하지만 리더는 전체 팀워크와 팀 시너지 제고를 위해 잘하는 사람에게만 신경을 쓸 수는 없는 노릇입니다. 일을 잘못하는 못난 사람들에 대해서도 내가 어떤 조치를 취해야 하는 것은 아닌지 강박 아닌 강박을 가지고 있습니다. 그래서 이런 고민들이 생기는 것입니다.

리더는 "일을 잘못하는 구성원들 각각이 어떤 일을 맡고 있으며, 그 일의 중요도와 난이도는 어떠한지? 각각의 구성원들의 각각의 일을 맡을 만한 능력 또는 역량을 갖추고 있는지? 일을 대하는 각각의 태도는 어떠한지?" 등과 같은 문제의 원인 파악을 먼저 해야 합니다.

≫ 성과관리와 관련된 이론/사례

누구는 "사람 고쳐 쓰는 것 아니다."라고 합니다. 즉, "버릴 사람은 버리고 가능성 있는 사람들만 가지고 일하자."라는 의미입니다. 반면에 **어떤 이는 "사람 함부로 버리는 것 아니다.'라고 말합니다.** "사람은 변화하고 성장하는 존재이니 현재의 모습을 보고 속단해 그 사람의 잠재력을 사장시키지 말라."는 의미일 것입니다. 어느 말이 맞을까요? 저자의 경험에 의하면 둘 다 맞을 수도 있고 둘 다 틀릴 수도 있을 것 같습니다. 즉, 사람에 따라 다를 것입니다. 어떤 구성원은 정말 오랜 시간 동안 기다려 주었는데 변화하지 않고 결국 실망스러운 모습만 더 보이기도 합니다. 또 어떤 구성원은 리더의 오랜 기다림 끝에 큰 변화와 성장으로 리더를 기쁘게 합니다.

리더의 피드백 포인트 및 조치사항

기본적으로 어떤 구성원이 될 것 같은지, 어떤 가능성이 있는지는 리더가 판단해야 합니다. 하지만 이런 가능성이 확인되지 않을 때는 업무의 난이도를 조금 낮춘 다른 여러 기회를 제공해야 합니다. 이런 기회를 통해 여전히 정말 능력 부족의 문제인지, 아니면 능력은 평균 수준 이상인데 능력 이상으로 난이도가 높은 업무를 맡아 자신감을 상실한 것은 아닌지 규명해야 합니다. "능력=역량 부족인지? 태도가 문제인지? 그리고 업적이 안 좋은 것인지?"에 따라서 리더는 11가지 방식으로 대응하고 조치를 취해야 합니다. 한마디로 11가지 상황에 따라 요즘 말로 '케바케'입니다. 바로 앞의 표 〈구성원의 역량/태도/업적에 따른 조치방법〉을 다시 살펴보기 바랍니다.

이런저런 노력 끝에 때로는 구성원을 포기해야 될 상황도 있을 것입니다. 어떤 조직이건 간에 80 : 20의 파레토의 법칙은 적용되는 것 같습니다. 전체 100%의 구성원을 고성과자, 에이스로 채운 상태에서 일을 하는 리더는 없을 것입니다. 20%에 해당하는 2~3명의 에이스를 중심으로 일을 해 나갈 수밖에 없는 것이 현실입니다. 저성과자를 어떻게든 일 잘하게 만들기 위한 노력도 해야 되겠지만 선택을 통해 버리고 갈 부분은 과감히 버리고 상위 고성과자 관리와 지원에 리더의 역할을 집중하는 것도 필요하다고 생각합니다. 저성과자에 대한 고민과 걱정에 투입하는 리더의 시간을 지금보다 더 덜어 내었으면 합니다. 물론, 일적으로는 선택과 집중은 하되 인간적으로는 여전히 지원과 care의 노력을 포기하지는 말아야 할 것입니다.

Q11

PART I 제도의 운영과 코칭 및 피드백

인력 감축/전출/퇴직 등으로 인한 인력 감소 시 업무 배분이 고민이며 동시에 구성원들의 사기 저하도 고민입니다.

 » **질문의 상황 맥락**

이 상황은 '목표 설정/공유 – 실행 촉진 및 모니터링 – 평가/보상'으로 이어지는 성과관리의 기본 프로세스나 MBO, KPI, BSC, OKR, 코칭 등과 같은 성과관리의 구체적 방법론과는 직접적 관련성이 적기는 합니다. 하지만, 상시 구조조정으로 인한 인력 감축 및 재배치, 신규인력 채용 축소, 신규인력의 조기 퇴직 등과 같은 인력 이슈는 현장의 리더에게는 굳이 이것이 성과관리 솔루션으로 해결되지 않는 것일지라도 큰 관심 사항입니다. 특히 다수의 대졸 취업 준비생들이 선망하는 공기업, 대기업 등에 어렵게 입사를 한 이후 1, 2년도 안되어 그만두어 버리는 MZ세대들이 많다는

얘기가 현장에서 들립니다. 그래서 더욱 답변을 드리고자 합니다.

이 문제를 가장 쉽게 해결할 수 있는 가장 좋은 방법은 신규/경력 직원의 대규모 채용인데 이 부분은 저자가 어찌할 수 없는 그 기업의 경영진이 판단할 영역입니다. 인건비가 추가로 소요되는 돈의 문제이기도 합니다. 따라서 제가 어떤 의견을 제시하더라도 리더들의 불만족이 만족으로 바뀌지는 못할 것입니다. 그래서 답변을 하고 싶지 않았던 질문이기도 합니다.

≫ 성과관리와 관련된 이론/사례

조직에서 일하는 우리 모두는 영원히 인력이 풍족한 상태에서 일하지 못할 것입니다. 우리 모두는 전원이 고성과자들로 채워진 상태에서 굳이 지시하지 않아도 알아서 일을 해오는 꿈만 같은 이상적 조직에서 일하지 못할 것입니다.

2013년 11월경 주진형 당시 한화투자증권 사장이 대규모 구조조정을 앞두고 직원들과 가진 간담회 내용이 화제가 되었습니다. 주 사장은 한화투자증권의 대규모 적자 문제를 해결하기 위해서는 450명의 구조조정이 필요한 것으로 진단하고 지방지점을 순회하며 직원들과 소통하는 자리를 마련하고 있었습니다.

주 사장은 이 자리에서 '450명 구조조정'과 '저성과자 프로그램', '급여체계 변경안'을 제안하며 이 안을 직원들이 모두 받아들이면 재임 동안 추가 구조조정을 하지 않겠다고 약속합니다. 다만, '저성과자 프로그램'과 '급여체계 변경안'을 받아들이지 않으면 450명을 감원하고 내년 리테일 사업부에 적자가 생길 경우 다시 구조조정을 실시할 예정이라는 뜻을 알립니다. 희망퇴직 대상자들이 위로금을 더 받아 가려고 하는 것은 비용이 전산에 잡히기 때문에 이는 일종의 모럴 해저드가 될 수 있다며 이를 방지하기 위해 각 사업부에 비용을 부과할 것이라고도 설명합니다.

이러자 직원들이 구조조정으로 사기가 저하된 상황에서 어떻게 동기부여를 할 것이냐고 질문을 하고 이에 주 사장은 **"내가 여러분에게 동기부여를 해야 한다는 착각에서 빠져나와라. 여러분은 다 큰 어른이다. 동기부여를 (스스로) 하지 못하면 가정이 깨지는데 내가 왜 여러분에게 동기부여를 해야 하나. 나는 여러분을 낳지 않았다."**고 답합니다.(출처 : 연합인포맥스, 2013.11.22.)

이 기사를 읽고 이 책의 독자 여러분은 어떤 생각이 드실까요? 직원들과의 간담회에서 이런 말을 했다면 말의 내용보다는 말을 하는 사람의 태도와 인성 등이 험담의 대상이 되었을 것입니다. 하지만 솔직히 말해 말의 내용만을 놓고 본다면 틀린 말이 거의 없습니다. 조직에서 일하는 우리 모두는 사원부터 임원까지 모두 프로입니다. 어른입니다. 누가 일을 시킨다고 해서 일을 한다거나 쉽고 편한 일만 하거나 일을 안하려고 하는 존재여서는 안됩니다. 스스로 의지를 가지고 자신이 가진 모든 자원을 동원하여 가치를 인정받고, 그 가치 발휘를 통해 그 대가인 임금을 받아 본인과 본인 가족의 생계와 미래를 책임지는 프로입니다. 그 누가 나의 사기 저하를 해결해 주길 기다리는 피동적인 존재가 아니라, 스스로의 노력으로 동기를 유발하는 존재여야 합니다. 그래서 남에 의한 동기 '부여'가 아니라, 스스로에 의한 동기 '유발'이라는 표현을 사용하는 사람들도 있습니다.

그런데 어느 순간부터 조직의 구성원들은 마치 대학 입학을 위해 어쩔 수 없이 부모와 학교 선생님들로부터 강요를 받고 억지로 공부하는 학생들과 같은 피동적인 존재가 되어 버렸습니다. 거대 기업 시스템 속에서 자율적 판단력을 스스로 반납한 존재처럼 구성원들은 리더만을 쳐다보며 리더에게 의존하고 또 리더들은 다시 경영진만을 쳐다보며 경영진의 지시만을 기다리고 있습니다. 그리고 사기가 떨어졌으니 사기를 진작해 달라고 합니다. 동기 유발이 안되니 동기를 부여해 달라고 합니다. 고등학교 때도 누가 시켜서 하는 것이 아닌 자기 스스로 내가 어떤 전공 공부를 해, 어떤 직업을 가지고 어떤 일을 하면서 살겠다는 목적의식이 확고한 학생들이 공부도 잘하고 원하는 대학에 진학을 합니다. 당연히 조직 구성원도 마찬가지일 것입니다.

물론 앞서서도 언급한 바 있지만 인력 감축/전출/퇴직 등의 이슈는 정말 중요한 리더의 골칫거리입니다. 하지만 경영진급에 해당하는 리더가 아닌 이상 보통의 리더들이 이 문제를 근본적으로 물리적으로 해결할 수는 없을 것입니다. 아래 '리더의 피드백 포인트 및 조치사항'에 리더가 어떤 포지션으로 구성원들을 피드백 해야 하는지 저자의 생각을 공유합니다.

리더의 피드백 포인트 및 조치사항

【1】리더의 기본적 포지셔닝

환경 탓을 하면서 환경을 바꾸려고 하는 것보다는 내 주변의 사람들을 변화시키려고 하는 것이 더 빠를 것입니다. 남의 탓을 하면서 남을 바꾸려고 하는 것보다는 내 자신을 변화시키려고 하는 것이 더 빠를 것입니다. 리더들은 회사 탓을 하면서 추가 인력을 즉시 확보해 주지 않는 경영진에게 이 문제의 책임을 돌리고 싶을 것입니다.

"어떡하냐? 상반기 공채를 해도, 우리 팀까지 사람이 올 것 같지는 않다. 도대체 어떻게 일을 하라는 거야. 사람을 주면서 일을 더 하라고 해야지. 사람은 줄이면서, 실적 목표는 무리하게 계속 내려주고 있으니. 너희들만 그런 게 아니라. 나도 못해 먹겠다."

어떻게 들으셨나요? 그러지 않아도 사기가 무너지고 있는 구성원들에게 기름을 붓는 격인 리더의 발언입니다. 구성원들은 부여된 성과 목표를 달성하지 않아도 될 핑곗거리를 찾고 있었는데 마침 잘된 것입니다. 물론, 리더 역시도 같은 핑곗거리를 찾고 있었을 것입니다. 리더가 구성원에게 공감하는 차원에서 이런저런 맞장구를 쳐주는 것은 필요합니다. 하지만 리더는 그 어떤 경우에도 회사와 경영진의 의도에 반하는 언행을 하여서는 안됩니다. 회사의 미션, 비전, 핵심가치와 경영진의 경영전략에 제대로 정렬(Alignment)되어 있는 모습을 공/사석에서 보여 주어야 합니다. 그러지 않을 경우 구성원들은 "우리 리더도 우리랑 마찬가지던데…" 하면서 부여된 자신의 목표에 몰입하지 않을 수 있습니다. 또한 이러한 모습들이 경영진에게 결국 흘러 들어가 내 약점이 될 수도 있습니다.

【2】가장 적극적이면서도 가장 좋은 솔루션

인력이 부족한 만큼 직속 상사와 관련 부서에 열심히 인력 충원을 요청해야 합니다. 리더의 가장 큰 역할 중 하나가 외부의 자원을 확보해 오는 것입니다. 그리고 이러한 역할을 잘하는 것을 리더의 능력이라고 보는 시각도 있습니다. 내가 담당하고 있는 조직의 구성원들이 내가 어떻게 어떤 방식으로 자원을 확보해 오는지 리더인 나를 보고 있고 나를 평가하고 있습니다. 더 적극적으로 인력 요청을 어필하고 내가 어느 정도의 노력을 하고 있는지 구성원들이 알 수 있도록 생색도 내야 합니다.

아울러, 인력이 부족한데도 불구하고 열심히 고군분투(孤軍奮鬪)하고 있는 구성원들에 대한 긍정적 지지와 격려도 아끼지 말아야 합니다.

"인력을 왜 충원 안 해 주는지 나도 모르겠다. 너희들만 힘든 게 아니고 나도 마찬가지로 힘들거든… 아무리 요청해도 안되는데, 나라고 어쩌겠어?"

이렇게 염세주의적이며 회의적인 반응을 보이는 것은 구성원들의 단기적 칭얼거림을 줄일 수 있겠지만 근본적 해결책은 될 수 없습니다. 또한 조직의 관점에서 사고하고 일을 하는 리더로 존경받기보다는 회사에서 시키는 일을 어쩔 수 없이 하는 피동적 존재로 구성원들에게 인식될 것입니다. "리더 역시 우리들과 별 차이도 없는 투덜이일 뿐이구나."라고 생각을 하게 될 것입니다.

【3】가장 소극적이지만 가장 현실적인 솔루션

어차피 우리는 나를 위해서 인생을 열심히 살아가고 있습니다. 누가 시켜서 일을 하는 것이라면 재미도 없고 시간도 빨리 가지 않습니다. 일반 제품과 서비스처럼 나 역시 나를 팔고 있습니다. 시장에서 나라는 상품의 가격을 책정 받고 내가 일한 만큼의 임료, 임금을 받고 나와 나의 가족의 삶을 영위해 나가는 존재입니다. 내가 아닌 다른 사람의 충원과 감소에 의해 내 일하는 동기가 휘둘리면 안됩니다. 내가 일하는 동기는 내 스스로 만들어 가야 합니다. 우리 회사의 경영자나 내 상사, 회사가 나의 일하는 동기를 만들어 주기를 기다리고 바라면 안됩니다.

아울러 인력이 부족해 일이 많아지고 있고 사기가 저하된다고 하지만 자기 업무 시간의 100%를 다 꽉 채워서 일을 하고 있는 조직의 구성원은 없을 것입니다. 솔직히 우리는 1년 중 업무가 집중되는 특정 시기를 제외하고는 하루에 2, 3시간 정도만 집중해서 일할 뿐입니다. 그래서 재택근무를 하여도 생산성에 별 차이가 없었던 것입니다. 사무실에서 일을 하든 집에서 일을 하든 우리는 하루 2, 3시간 정도씩만 일을 했기 때문에 생산성에 차이가 없었던 것입니다. 일을 하는 사람이 눈에 안 보이니 리더 입장에서는 불안했던 것이지 생산성에는 큰 차이가 없습니다. 반면에 승무원의 경우에는 성수기에는 월 120시간, 비성수기에는 월 100시간 이상 근무를 못하도록 국토교통부에서 관리/감독을 한다고 합니다. 이들의 100시간은 일반 회사원들의 100시간과 다르기 때문입니다. 이들의 100시간은 대부분의 시간을 어영부영하면서 그 중 20, 30% 시간만 집중해서 일하는 회사원들과는 달리, 모든 에너지와 노력을 투입하며 긴장을 풀지 않고 전력을 투구하는 것이기에 건강에도 문제가 될 수 있다는 판단 하에 일정 시간 이상을 근무 못하게 하는 것입니다. 강의를 하는 사람도 마찬가지입니다. 월 100시간이라고 하면 주로는 25시간 강의하는 것이니 주 40시간 근무하는 회사원들과 단순 비교해 본다면 별 것 아닐 수도 있습니다.

하지만 승무원들과 마찬가지로 이들의 25시간은 온몸을 긴장시키고 곤두세워 가며 전력을 다하는 시간들입니다. 단순히 시간으로만 비교할 수 없는 것입니다. 물론, 하루 8시간 전력을 다하며 일을 하는 회사원과 업종도 있을 것입니다. 하지만 대부분의 회사원들이 스스로를 되돌아보며 솔직하길 바랍니다. 우리는 우리의 하루 8시간 중 몇 % 정도 집중해 전력투구하면서 사람이 없다고 하는 것일까요? 얼마 전까지 다섯 명이 일하다가 한 명이 줄어 네 명이 되니 그 이전보다 더 일을 해야 되는 상황이 되어 내가 집중해서 내 시간을 쓰는지와 상관없이 불만을 품게 된 것은 아닐까요? 혹시나 저자의 현업 시절 저자의 경험만 가지고 미루어 추정을 잘못한 것이라면 미리 사과를 드립니다.

　인력의 중도 이탈에 따라 남게 되는 업무는 평소 업무의 중요도 및 난이도, 구성원이 감당할 수 있는 역량과 능력에 따라 업무를 배분하는 것과 달리, 이때는 다른 여러 사항에 대한 고려 없이 정말 똑같이 배분하는 것이 좋습니다. 이런 상황에서까지 중요도, 난이도, 개별 역량 등을 감안해 차등해 분배하면 일 잘하는 사람의 업무 부담은 더욱 커질 것입니다. 따라서 이때만큼 사람 수에 맞게 공평하게 배분하는 것이 여러 불만을 줄일 수 있는 방법이 될 것입니다. 모든 사람이 십시일반으로 공평하게 조금씩 더 일을 하자는 분위기를 만들어 간다면 긍정적 조직문화 형성에도 도움이 될 것입니다.

Q12

PART I 제도의 운영과 코칭 및 피드백

본인에게 주어진 업무는 잘하는데, 리더에게도 매우 터프하게 대응하는 구성원이라 일을 주기가 어려운 경우가 있습니다. 이런 구성원과의 소통방법, Tip이 있을까요?

 〉〉 질문의 상황 맥락

리더의 경험이 적거나 리더의 경험이 많더라도 구성원들에게 인정, 칭찬, 지지, 배려를 하며 인내하고 온화한 리더십 모델을 지향하는 리더가 고민하는 딜레마 상황입니다. 온화한 리더십이 지나쳐 이제는 거꾸로 구성원의 눈치를 보며 업무 지시, 업무 배분조차도 제대로 못하는 상황입니다. 요즘에는 인정하고 칭찬해 주라는 말을 많이 듣다 보니까 리더가 구성원을 꾸짖는다는 것에 대해서 불편함을 느끼게 되는 상황이 많은 것입니다.

≫ 성과관리와 관련된 이론/사례

'착한 리더 콤플렉스'라는 용어가 있습니다. 언젠가부터 어떤 분으로부터 리더십 교육을 잘못 받아 발생하게 된 콤플렉스입니다. '직장 내 괴롭힘 방지법' 때문에라도 구성원에 대한 갑질 방지 차원에서 카리스마 있고 권위적이며 강압적인 리더십보다는 구성원을 섬기는 리더십, 지원하는 리더십, 인정과 칭찬, 지지의 리더십을 발휘하라고 얘기를 들은 것인데 이렇게 배운 리더십 교육을 곡해해 **일을 잘못하는 구성원에게도 질책, 쓴소리를 하지 못하고 좋은 소리만 해 주고 있습니다.** 구성원에게 제대로 된 업무 지시도 못 내리고, 구성원 눈치를 보며, 상대방이 터프하게 반응한다고 주저하며 주변을 맴돌기만 하는 것입니다.

'개는 훌륭하다.', '세상에 나쁜 개는 없다.'라는 반려견을 대상으로 한 TV 프로그램이 있습니다. 저자가 매번 빼놓지 않고 즐겨 보는 프로그램이며 **리더십 개발을 위해 꼭 봤으면 좋겠다고 현장의 리더들에게 추천하는 프로그램입니다.**

이들 프로그램은 집에서 기르는 반려견 중에서도 사람을 문다거나, 너무 많이 짖는다거나, 반려견끼리 다툼을 한다거나 하는 문제 행동을 하는 반려견들에게 개 훈련사가 투입되어 행동을 교정하는 전 과정을 방송합니다. 하지만 프로그램의 제목을 보면 문제 행동을 벌이고 있는 반려견을 교정하는 프로그램에도 불구하고 "개는 훌륭하다."고 합니다. 나쁜 개를 다루는 프로그램인데 "세상에 나쁜 개는 없다."고 합니다. 즉, 반려견의 문제 행동에도 불구하고 개는 문제가 없고 그 개의 소유주인 사람이 더 문제라고 프로그램은 얘기하고 있습니다. 반려견이 그렇게 된 데에는 반려견 자체의 문제도 있겠지만 원인을 제공하고 그렇게 반려견을 만든 견주, 사람이 더 문제라고 프로그램은 매번 결론을 내립니다. **견주의 과잉보호, 원칙과 기준 없는 애정 공세와 응석을 받아준 것이 개를 나쁘게 만들었다는 것입니다. 개의 성격을 버렸다는 것입니다. 더 나아가 그 집안의 대장, 리더가 견주가 아닌 개 자신이라고 여기게끔 만든 것도 견주, 사람이라는 것입니다.** 그렇기 때문에 반려견의 문제 행동에 대한 훈련사의 교정 작업은 견주, 사람에 대한 교육으로부터 시작됩니다. 그리고 그 다음에 개에 대한 훈련으로 나아갑니다.

　리더와 구성원과의 관계도 크게 다르지 않습니다. 문제 행동을 보이는 구성원이 있다면 그건 그러한 문제 행동을 하게끔 만든 리더의 잘못을 먼저 따져봐야 하는 것입니다. 어쩌면 세상에 나쁜 개가 없는 것처럼 세상에 나쁜 구성원은 없을 것입니다. 개가 훌륭한 것처럼 구성원 역시도 훌륭할 것입니다.

리더의 피드백 포인트 및 조치사항

구성원이 이렇게 리더의 정당한 업무 지시에도 터프하게 나오는 것은 리더인 내가 이미 그 이전부터 얕보였기 때문입니다. 리더로서 당당한 모습을 보이지 못하고 우물쭈물했으며 강하게 나오는 구성원들에게 약한 모습을 보이며 그들의 요구를 무원칙하게 받아들여 주었기 때문입니다. 특히나 그들 중에서도 일을 잘하며 어느 정도 자신의 능력에 대한 자부심을 가지고 있는 구성원들은 공식 리더를 무시하며 문제 행동을 일으키는 반려견처럼, 자신이 대장, 리더인 것처럼 행동하는 것입니다.

리더의 권위를 제대로 세우고 리더 중심으로 조직의 모든 일들이 진행될 수 있도록 해야 합니다. 구성원에 대해 갑질을 하고 괴롭히라는 말이 아닙니다. 정당한 업무 지시, 업무 배분이라면 눈치를 볼 필요가 없습니다. 이 문제는 "터프하게 나오며 정당한 업무 지시를 못 받겠다고 하는 구성원에 대해 어떻게 소통을 해야 하느냐?"는 것이 핵심이 아닙니다. 소통방법이 문제가 아니라, 리더의 리더십 스타일이 더 중요한 문제입니다. 내 리더십 스타일을 되돌아보고 나의 어떤 리더십 행동이 구성원의 문제 행동을 유발하게 되었는지 살펴보아야 합니다. 일을 잘하건 못하건 간에 하는 리더의 무의식적/의례적 인정, 지지, 칭찬은 반려견뿐만 아니라 구성원들 역시도 문제아로 만듭니다.

한때 유행했던 책, 〈미움 받을 용기〉가 생각이 납니다. **리더라면 구성원들에게 미움을 받을 수도 있겠지만 설사 미움을 받는다고 해도 용기있게 직접 커뮤니케이션해야 합니다. 쓴소리를 하지 않는 것은 구성원을 망치는 것이고 리더의 책임을 다하지 않는 것입니다. 먼저 쓴소리를 제대로 하는 훈련을 해야 합니다.** 불편한 얘기라도 필요한 것이라면 말을 해 주어야 합니다. 하지 않으면 구성원은 성장하지 못하게 되고, 리더의 관리능력은 의심받게 될 것입니다. 그리고 그러한 모습을 지켜보는 경영진, 동료 리더, 다른 부서 후배들의 신뢰도 잃게 될 것입니다.

Part II

성과평가

**구성원 모두의 최적 만족을 위한
공정성/수용성 확보방법**

Q13

PART II 구성원 모두의 최적 만족을 위한 공정성/수용성 확보방법

낮은 평가등급을 받아 불만이 많은 구성원의 이의 제기에 대응하는 방법이 궁금합니다.(성과평가에 있어 리더는 Low라고 판단하는데 평가 대상자는 Good 이상이라고 생각하는 경우 = 리더 - 구성원 간 업적 결과에 대한 눈높이가 다른 경우, 이러한 Gap 차이를 줄이는 방법이 있을까요?)

 **》 질문의 상황 맥락**

계속 B등급을 받았던 구성원이 승진 시기에 임박하여 올해 만큼 S나 A등급을 받기 위해 다른 해와는 달리 여러 임팩트 있는 일을 도맡아 하기는 했습니다(국내 L기업의 경우, 최소 요건으로 4년 평균 A등급이어야 승진 대상자가 됩니다.). 하지만 팀장이 보기에 A등급을 줄 정도는 아니었습니다. 2년 연속 D등급을 받았던 구성원이 또 D등급을 받았습니다. 올해는 팀장이 바뀌어 다른 결과가 나올 것으로 기대했었는데 결과는 같았던 것입니다. 이에 평가 근거를 밝혀 달라고 합니다. 공정하지 못하고 객관적이지도 못한 것 같다고 합니다. 피드백 내용도 막연하고 구체적이지 않다고 합니다(피드백 방법에 대해

서는 Q5, Q21도 같이 참조).

≫ 성과관리와 관련된 이론/사례

　성과평가의 공정성은 70%가 목표 설정/공유단계, 20%가 수시/상시면담단계, 10%가 최종 평가면담단계에서 확보됩니다. 목표는 Top-down으로 위에서 아래로 내려오는 것이 맞을까요? 아니면, 민주화 시대이고 수평적 조직문화를 추구해야 하는 시대이니 Bottom-up으로 아래에서부터 위로 올라가는 것이 맞을까요? 앞에서도 여쭤어 봤던 질문입니다.

　많은 경영학자, 리더십 학자들은 시대가 아무리 바뀌었다고는 하지만, 경영목표는 경영진이 먼저 정한 다음 부서장과 중간 관리자를 통해 구성원까지 Top-down으로 전달되는 것이 맞다고는 합니다. 하지만 이렇게 목표가 위에서 아래로 일방적으로 지시되고 통보된다면 구성원들의 사기는 저하되고 원래 본인들이 하고 싶었던 일조차도 갑자기 하기 싫어질 것입니다. 그렇기 때문에 연초에 목표 설정면담을 통해 시간이 다소 걸리더라도 리더와 구성원이 머리를 맞대고 한 해 목표 수준과 내용에 대해 논의를 해야 합니다. Top-down 외에 Bottom-up의 논의와 조정, 합의를 통해 목표는 완벽히 설정됩니다. 이러한 논의와 최종 합의가 구성원의 목표에 대한 수용성을 높입니다. 그리고 이 목표에 대한 자발적 수용성이 평가 결과의 수용성과 공정성과도 연결됩니다. 평가 결과에 대한 이의 제기의 70~80% 이상이 연초에 설정한 목표 수준에 대한 불만이었습니다. 연도 말에 평가 결과에 대한 이의 제기를 줄이려면 연도 초에 목표 설정/합의면담에 시간과 노력 투입을 더 해야 합니다. 어떠한 수준이 "우수한 수준인지? 보통의 수준인지? 우수하지 않은 수준인지?"에 대해 리더와 구성원 각각이 생각하는 이미지를 공유하고 consensus를 맞춘 후 일을 시작하여야 합니다.

이외에 연도 중 할 수 있는 평가의 공정성 확보방법, 연도 말에 할 수 있는 평가의 공정성 확보방법은 다음과 같습니다.

리더의 피드백 포인트 및 조치사항

크게 2가지 방법이 있을 것 같습니다. 또한 이 부분은 여러 질문 중에서도 가장 중요한 리더의 성과관리 피드백 질문일 수도 있어 여러 사례를 들면서 다른 질문 대비 지면의 분량을 많이 할애합니다. 보다 더 상세히 그리고 구체적으로 소개를 하여 리더들이 현업에서 실행할 수 있게 도움을 주고자 합니다.

【1】최종 평가면담 이전에 최소한 2차례 이상 평가 결과에 대한 사전 알람을 제공해 낮은 평가등급에 대한 사전 마음의 준비를 시킵니다.

공채 면접 시 면접관들에게 하는 주의사항이 있습니다. "잘했다.", "잘못했다."라는 말을 굳이 하지 말아라. 왜 그럴까요? 특히, "잘했다."라는 말을 절대 하지 말라고 합니다.

가뭄의 단비처럼 간만에 아주 똘똘한 지원자가 들어왔습니다. 기쁘고 흥분된 마음에 면접관들이 무의식적으로 칭찬을 합니다. "말씀 참 조리 있게 잘하시네요", "잘 답변해 주셨습니다." 등 이상할 것 하나 없는 면접관들의 의례적 멘트입니다. 하지만 합격의 가부에 초집중을 하며 면접관들의 언행 하나하나에 예민한 지원자들은 이 정도의 멘트에도 희비를 달리합니다. "이 정도 칭찬을 받았으니 합격 가능성이 높겠는데…" 이렇게 면접 시 면접관들로부터 여러 차례 잘한다는 칭찬의 멘트를 들었던 지원자가 합격을 기대했지만 최종 불합격을 합니다.

물론, 그렇게 불합격을 하고도 그냥 넘어가는 경우가 대부분일 것입니다. 하지만 일부라도 최종 결과에 이의를 제기하는 경우는 본인이 합격했으리라고 기대했었는데 그 기대가 충족되지 못할 때입니다. 홈페이지의 게시판에 이의 제기를 하는 경우도 있고 더 나아가 자신의 면접시험 결과를 모두 알고 싶다는 정보공개 청구를 통해 이의를 제기하기도 합니다. 관련해, 왜 공채 시험에 떨어졌는지 그 이유를 당사자의 요청이 있을 경우 공개해야 한다는 법률도 만들어진다고도 합니다. 이 법이 면접관의 자의적 평정을 막을 것이라는 긍정적인 평가도 있고 거꾸로 채용시장을 위축시켜 청년들의 구직난을 더 가중시킬 것이라는 부정적인 평가도 있습니다.

가수 보아의 오빠가 복막암 4기 투병 중이라는 신문 기사가 하나 올라왔습니다.(출처 : 중앙일보, 2021. 5.17.) 우리나라의 '싸늘한 의사'들을 비판하는 기사인데 응급실에 실려 간 보아의 오빠에 대한 응급실 경과 기록의 주요 내용이 이렇습니다.

"환자의 기대 여명은 3~6개월 정도로 보이나 복막염이 회복되지 않는다면 이로 인해 수일 내 사망 가능한 상태입니다."

"가능하다면 수술을 진행하는 것이 좋겠습니다."

"환자의 보호자(어머니)에게도 설명하였습니다."

(* 이 기사 보도 이후인 2021년 9월 보아의 오빠는 돌아가셨습니다.
그럼에도 불구하고 사례로 소개하는 것에 양해를 바라며, 삼가 고인의 명복을 빕니다.)

이런 응급실 리포트 기록을 보고, "너무 냉정한 것 아니냐?", "병보다 의사의 말에 더 아픔을 느낀다."와 같은 네티즌들의 비난이 있었습니다. 하지만 의사들도 어쩔 수 없는 부분이 있다고 합니다. 이렇게 냉정하게 최악의 상황을 감안해서 알리지 않으면 소송을 당하는 경우가 많다고 합니다. 팩트와 상관없이 희망과 용기를 주기 위해 "잘만 치료하면 살 수 있다."라고 했다가 예상보다 빨리 사망에 이르는 경우, "수술만 하면 가능성이 있다."고 했다가 수술 이후에 빨리 사망에 이르는 경우, 모두 환자 보호자에게 멱살을 잡히고 곤욕을 치르고 소송까지 간다고 합니다.

"잘만 하면 살 수 있을 것 같다."는 의사의 말에 부처님, 하나님, 선생님하며 따르다가도 그 결과가 기대에 충족되지 못할 때는 안면을 바꾸어 온갖 상소리에 욕설, 멱살잡이, 소송까지 가는 것이 현실이라는 것입니다. 그래서 최악의 상황을 감안해서 현재의 상황을 통보할 수밖에 없고 수술 여부도 의사가 결정해서 권유하는 것이 아니라, 혹시 잘못될지도 모르니 보호자에게 판단하라고 하는 것입니다. 물론, 의사들도 이런저런 문제점들을 알고 있기에 공감 없이 정보만 전달해 상처를 받지 않도록 하고, 나쁜 소식은 조용한 곳에서 전하면서 환자가 받아들일 소통 방법을 연구하고 있다고 합니다.

즉, 이 경우에도 만일에 대비해 환자와 환자 보호자에게 기대와 희망을 키울 수 있는 필요 이상의 정보를 제공하지 말라고 합니다. 공채 면접의 경우처럼 그랬다가 당사자의 기대가 충족되지 못하는 상황이 발생했을 때(실제는 기대가 충족되지 못하는 상황이 더 많습니다.) 강력한 이의 제기와 근거 제시 요구, 나아가 소송까지 갈 수 있다는 것입니다.

저자는 이 두 가지의 경우 모두 리더의 평가등급 결정과 밀접한 관련이 있다고 생각합니다. 리더의 평가등급 결정 시 리더는 다음과 같이 준비해야 합니다. 특히 구성원이 기대한 것 미만으로 리더가 낮은 평가등급을 결국 주어야 하는 경우에 해당합니다.

첫째, 그 어떤 경우에라도 구성원이 생각하는 것 이상의 평가등급을 받을 수도 있겠다는 기대와 희망을 갖게 해서는 안됩니다. 이런 기대와 희망을 갖게 하는 것을 동기유발이라고 착각해서는 안됩니다. 낮은 평가등급을 준 이후에 미안한 마음의 보상 심리가 작동하여,

"내년에는 말이야 어떻게 하든 'B' 등급 이상을 주도록 할게."

이렇게 지키지 못할 약속을 하는 리더가 가장 바보 같은 리더입니다. 억지로 이런 약속을 지키기 위해서는 희생양 역할을 해 주는 구성원이 필요할 것이고 이것은 평가의 공정성을 파괴하는 행위에 해당합니다.

마찬가지로 명백히 일을 잘못하는 구성원인데 어떻게 하든 전년도보다는 나은 성과를 내도록 격려하기 위해 슬쩍 전년도보다 나은 평가등급을 줄 수도 있다는 힌트를 주기도 합니다.

하지만 리더는 이와 반대로 해야 합니다. 전전년도 및 전년도 성과 부진이 올해에도 계속 이어지는 구성원과 연초 목표 설정면담 시 리더의 가배분 목표와 동료 구성원 목표 대비 고집불통을 보이며 자신의 목표를 하향 조정한 구성원이 있습니다. 이들에 대해서는 6, 7월 정도에 실시하는 중간 평가면담 시점 정도 되면 어느 정도 연도 말이 되었을 때의 평가등급을 예상할 수 있습니다. 아마도 낮은 평가등급일 것입니다. 이 경우에 리더는 정말 어금니를 꾹 깨물고 앞서 언급되었던 공채 면접 시의 면접관처럼 나쁜 소식을 전달해야 하는 의사처럼 냉정하면서도 단호하게 대처해야 합니다. 평소에도 무의식적 지지와 칭찬 등을 통해 구성원이 평가등급에 대해 쓸데없는 기대를 하지 않도록 조심해야 합니다.

"이번에 새로 온 팀장은 그 전 팀장과는 달리 매사에 친절하고 나에게 칭찬을 많이 해 주네… 좀 일찍 출근해도 그렇고, 어쩌다 야근을 하고 있어도 그렇고 올해는 그 전보다 나은 평가등급을 받을 수 있을 것 같은데 'B'나 'A'까지도 가능할지도 몰라."

착하고 친절한 리더가 꼭 좋은 리더가 되는 것은 아닙니다. '착한 리더 콤플렉스'에 빠져 상명하달식의 권위적이며 지시적인 리더는 잘못된 것이니 이제부터는 매사에 친절하고, 칭찬도 많이 해 주고, 지지와 지원을 해 주는 리더가 되어야겠다고 착각을 하는 리더들이 많습니다. 그리고 그런 착각 속에서 낮은 평가등급을 주어야 할 성과 부진자에 대해서도 아무 생각 없이 칭찬과 지지를 남발합니다. 이게 낮은 등급을 받아야 할 성과 부진자들을 착각하게 만듭니다. 자신이 실제 받아야 할 평가등급을 초과하는 근거없는 기대를 갖게 합니다. 따라서 이러한 착각과 근거없는 기대를 하지 않도록 구성원을 최대한 냉정하게 과업 중심으로 대해야 합니다.

둘째, 6월 말~7월 초 정도 중간 평가면담 시기에 1차, 12월 최종 평가면담 1개월 전인 11월 초 정도에 2차로 구성원과의 평가면담을 통해 올해도 역시 낮은 평가등급을 받게 될 것이라고 예고해 주어야 합니다. 사전 알람을 해 주어야 합니다. 물론, "평가등급이 'C'다, 'D'다."하는 식으로 너무나도 명확하게 알려 주어서는 안됩니다. 즉각적인 반발이 있을 수 있기 때문입니다. 연도 말에 평가등급이 공식적으로 나간 이후에 겪게 될 이의 제기와 반발, 항의를 연도 중에 미리 받게 되는 결과가 초래됩니다.

"작년 대비 나아진 것이 없다. 계속 지금과 같은 방식으로 업무가 추진이 된다면, 전년도 이상의 평가등급을 받는 것이 어려울 것 같다. 다른 구성원들의 일하는 방식과 목표 수준을 벤치마킹해 전년 대비 뚜렷한 성과 개선이 지금부터라도 필요할 것 같다."

이런 식으로 조금은 완곡하게 낮은 평가등급이 불가피할 것 같다고 알람을 겸한 경고도 해 주고 한 편으로는 성과 개선을 위한 여지도 아직 남아 있다는 것을 알려주는 것입니다. 가능성이 그리 높지는 않지만 이러한 경고 내지 동기유발 행위를 통해 혹시라도 성과가 개선이 된다면 크고 작건 간에 구성원 본인과 우리 조직에 도움이 될 것이기 때문입니다. 아울러, 기왕이면 한 차례가 아닌 두 차례 사전 알람을 해 주는 것이 더 효과가 클 것입니다.

이러한 1, 2차 사전 알람 활동을 통해 기대하는 것은 다음과 같습니다. 구성원이 낮은 평가등급에 대해 마음의 준비를 할 수 있도록 하는 것입니다. 연도 말에 최종 평가등급을 받게 되면 구성원은 일반적으로 '평가등급 결과 통보 → 놀람 → 분노 → 문제의 원인을 외부로 전가(리더의 평가 공정성 문제, 상대평가와 같은 제도 탓, 회사 탓 등) → 냉정해질 수 있는 시간 필요 → 대안 모색 → 평가등급 결과 수용'의 단계를 겪게 됩니다. 이 단계를 미리 천천히 밟게 하는 것이 사전 알람의 목표입니다. 6, 7월 정도부터 자신의 평가등급에 대한 자연스러운 수용을 유도하는 것입니다.

공채 면접의 지원자에게 잘한다고 얘기해 주어서는 안되지만 그 반대로 잘못한다고 얘기해 주는 것은 그나마 가능한 이유가 있습니다. "잘못한다."는 얘기를 면접장에서 들은 지원자는 그 즉시 낙담은 하겠지만 최종 합격자 발표 이전까지 자기 나름의 필터링 기제에 의해 불합격할 것 같다는 현실을 수용하고 대안 모색까지도 나아갈 것입니다. 그랬다가 혹시라도 합격을 하게 되면 너무나도 좋은 일이니 이의 제기와 같은 행동을 할 일은 당연히 없을 것이며 그 반대로 불합격을 했다하더라도 잘한다고 얘기해 주었다가 불합격을 통보받는 경우 또는 아무런 예고 없이 갑자기 불합격을 통보받는 것보다는 불합격한 사실을 수용하고 적응하는 데 효과적일 것입니다. 성과평가 역시 마찬가지라 나쁜 결과에 대해서는 최종 결과 통보에 앞서서 두 차례 정도 사전에 충분히 마음의 준비를 하고 수용할 수 있도록 힌트를 주기 바랍니다. 사전 알람을 해 주기 바랍니다.

【2】업적 결과를 구성원 스스로 말하게 합니다. 인정하게 만듭니다.

평가 결과를 구성원 스스로가 인정하게 하는 첫 번째 방법입니다. 양방향 질문 6가지를 활용해 구성원에게 업적 결과에 대한 질문을 하고 답변을 듣는 방법입니다.

첫째, 금년 한 해를 되돌아보며 다른 해와 비교해 봤을 때, 다른 동료와 비교해 봤을 때, 그리고 본인인 스스로 생각하기에 정말 잘한 업적이 무엇 무엇인지 물어봅니다. 3개에서 5가지 정도를 그 내용과 함께 간단하게 A4 용지 한두 장에 적어 오라고 합니다.

둘째, 적어 온 3~5가지 중에 자신의 연초 계획대로 된 것 및 자신의 노력대로 된 것이 몇 가지나 있는지 물어봅니다.

셋째, 동시에 적어 온 3~5가지 중에 반대로, 자신의 계획 및 노력과 상관없이 외부환경의 도움(행운 포함)으로 잘한 것이 몇 가지인지 물어봅니다.

실제 여기까지는 긍정의 질문이었습니다. 하지만 이제부터 하게 될 부정의 질문 3가지가 핵심적 질문입니다.

넷째, 금년 한 해를 되돌아보며 다른 해와 비교해 봤을 때, 다른 동료와 비교해 봤을 때, 그리고 본인인 스스로 생각하기에 잘못한 업적이 무엇 무엇인지 물어봅니다. 3개에서 5가지 정도를 그 내용과 함께 간단하게 A4 용지 한두 장에 적어오라고 합니다. 하지만 잘한 업적 3~5가지를 적어 오라고 한 것에 비해, 바보가 아닌 이상 호락호락하게 리더가 시키는 대로 잘못한 것을 적어 오는 구성원은 아마도 거의 없을 것입니다. 이럴 때는 말의 기술이 필요합니다. 말을 좀 바꾸어 잘못한 것이 아니라, 잘한 것에 비해 상대적으로 아쉬운 것 3~5가지를 적어오라고 하는 것입니다.

"그래, 잘못한 것이 없다고… 하지만 잘한 것 3~5가지랑 비교해서 그래도 상대적으로 부족하고 아쉬운 것은 있을 것 아냐? 그걸 적어 가지고 오면 되겠어. 그 정도는 있겠지?"

공채 면접 시에도 지원자 자신의 성격의 장점과 단점을 말해 보라고 질문을 하는 면접관이 있습니다. 이에 지원자 상당수는 장점 외에 단점에 대해 '자신은 너무 성격이 급해, 일을 너무 빨리빨리 처리하는 것이 단점'이라면서 정답은 아니지만 현답을 말합니다.

기업교육 현장에서는 강의가 종료되면 강사의 강의에 대한 평가 설문을 학습자들을 대상으로 받습니다. 객관식 질문은 리커트 5점 척도에 의해 1, 2, 3, 4, 5점으로 정량화시켜 평가 점수를 내고 주관식 질문은 통상 "11번. 강사의 강의 내용 중 가장 인상 깊었던 것은?", "12번. 강사의 강의 내용 중 상대적으로 아쉬웠던 것은?", "13번. 기타 본 과정 및 인재개발원에 건의할 사항은?"과 같은 것들이 있습니다. 그런데 12번 질문을 11번 질문과 대비해 비교해 보면 실제 12번 질문은 "강사의 강의 내용 중 잘못된 것은?" 또는 "강사가 잘못한 것은?"과 같은 내용이 있어야 합니다. 하지만 표현을 조금 바꾸어 강사의 강의 내용 중 상대적으로 아쉬웠던 사항에 대해 물어보고 있습니다. 아마도 만일 상대적으로 아쉬웠던 사항에 대해서 물어보지 않고 강사가 잘못한 것에 대해 물어 보았다면 상대적으로 여전히 고운 심성을 가지고 있는 대한민국의 학습자들은 직설적으로 내용을 써내는 것에 부담을 느껴 빈 칸으로 적어 내기가 쉬웠을 것입니다. 정말 강사가 문제가 많았던 경우를 제외하고서는 '사회적 바람직성'에 의거 긍정적인 것이 아닌 부정적인 것을 굳이 활자화시켜 기록으로 남기는 것에 부담을 느낄 것입니다. 강사하고 척지지도 않았는데 '이래야 하는데 저랬다'와 같이 거친 표현을 굳이 쓰지는 않을 것입니다. "이거 내가 잘못 얘기해서 강사 잘리는 거 아냐. 그럴 필요까지는 없는데." 이런 저런 사유로 인해 대부분이 빈 칸으로 설문 문항을 적어 낸다면 교육을 기획하고 개발하고 운영하는 교육담당자 입장에서는 뭐라도 개선사항을 발굴해 교육과정을 발전시켜야 하는데 그러지 못할 수도 있습니다. 그래서 학습자들은 보다 다양한 여러 개선 의견을 듣고자 설문 문항의 질문 표현을 조금 바꾸게 된 것입니다. 답변을 하는 상대방의 부담을 줄여 주고자 의견을 쉽게 구하고자 잘못한 것이 아닌 상대적으로 아쉬운 사항에 대해 말을 해달라고 하는 것입니다. 표현을 조금 바꾸었을 뿐인데도 이 차이는 정말 큽니다. 거의 빈 칸으로 적어 내던 학습자들은 잘못한 것이 아닌 상대적으로 아쉬운 것에 대해 얘기해 달라고 하는 순간 아무 말이나 한두마디씩 하게 되는 것입니다. 어떤 학습자는 "교육시간이 짧아서 늘렸으면 좋겠다."고 답변합니다. 또 어떤 학습자는 "교육시간이 길어서 좀 줄였으면 좋겠다."라고 답변할 것입니다. 이런 저런 상충되는 학습자들의 의견을 받아 보고 걸러 내다 보면 실제 양질의 건의사항은 드문 것이 현실입니다. 그래도 침묵 속에 아무 의견을 내지 않는 경우보다는 교육과정을 개선시킬 단서를 찾을 수 있어 이렇게라도 설문 문항을 다시 설계해서 사용하고 있습니다.

최종 평가면담 시에 잘못한 것이 아닌 상대적으로 아쉬운 점에 대해 물어보는 것도 같은 맥락입니다. 본인이 한 해 동안 잘못한 것에 대해서는 절대 말하지 않을 것입니다. 그렇기 때문에 같은 의미이지만 표현을 달리해 물어봐야 하는 것입니다.

"그래, 잘못한 것 말고. 상대적으로 아쉬운 것이 조금은 있을 것 아냐? 그 얘기를 들어 보자고."

이렇게 부담을 줄여 주어도 쉽게 얘기를 꺼내 놓지 않는 구성원이 있을 것입니다. 이럴 때야말로 리더의 '대화의 기술'이 요구됩니다. 충분히 시간적 여유를 가지고 정말 여러 차례 면담을 할 수도 있다는 긴 호흡으로 끈기 있게 대화를 이어가야만 합니다. 물론, 성급하게 면담을 마무리하고 싶어, 평가등급을 간단하게 통보만 하고 싶을 것입니다. "나도 이제는 어쩔 수 없으니, 너 역시도 이 평가등급을 받아들일 수밖에 없을 것이다."라고 얘기하고 싶을 것입니다. 이렇게 하면 그 해만큼은 어떻게 넘어갈 수도 있겠지만, 리더-구성원 간 관계는 신뢰가 아닌 불신과 불만으로 가득 차 언젠가 큰 폭발이 일어날 것입니다. 구성원은 결국 리더가 아닌 그 위 상급자 또는 임원, 인사부서에 면담을 요청하고 팀 내부가 아닌 외부의 도움으로 평가등급의 문제를 해결하려고 시도할 것입니다.

다섯째, 적어 온 3~5가지 중에 자신의 연초 계획대로 안되거나 자신의 노력 부족, 준비 부족으로 안되어 아쉬운 것이 몇 가지나 있는지 물어봅니다.

여섯째, 동시에 적어 온 3~5가지 중에 반대로, 자신의 계획 및 노력과 상관없이 외부환경 때문(불운 포함 코로나 19와 같은 전 세계적 팬데믹 상황 등)에 일의 진행이 잘 안되어 아쉬운 것이 몇 가지인지 물어봅니다.

잘못한 것은 아니라고 했지만 이렇게 본인의 글과 말로 작년 대비, 잘한 사람 대비, 본인의 올해 계획 대비 상대적으로 아쉬운 사항에 대해 정말 어렵게, 어렵게 실토를 받아냈습니다. 그리고 평가등급 및 평가 결과에 대해 불만을 가지고 이의 제기를 하는 구성원이 일부라도 있다면 당신이 그렇게 스스로 인정한, 상대적으로 아쉬운 사항을 근거로 하여 평가등급을 준 것이라고 설명하는 것입니다. 물론, 이 방법은 좋은 방법은 아닙니다. 구성원이 상대적으로 아쉬운 항목이라도 말해준 것을 꼬투리 잡아서

"잘못한 것은 아니더라도, 결국 잘한 것은 아니지 않느냐?"

"다른 동료 구성원들은 상대적으로 아쉬운 항목도 없거나, 적었는데 당신은 좀 많았다.",

"심각한 내용이 더러 들어가 있었다.",

"그래서 낮은 평가등급을 줄 수밖에 없었다."

라고 얘기하는 것이니 궁여지책이 아닐 수 없습니다. 하지만 이런 방법이라도 사용해야 할 때가 있습니다. 실제 성과관리의 3단계 프로세스인 '목표 설정단계' → '실행 촉진 및 모니터링단계' → '평가/보상단계' 중에 저자는 개인적으로 목표 설정단계에 70%의 시간을 사용해야 하고 실행 촉진단계에는 20%, 최종 평가/보상단계에는 10%의 시간을 사용해야 한다고 주장하는 사람입니다.

반면에 현실은 어떨까요? 현장의 리더들은 이 반대로 시간을 사용하고 있습니다. 목표 설정단계 10%, 실행 촉진단계 20%, 최종 평가/보상단계 70%로 시간을 투입하고 있습니다. 즉, 70%의 비중을 주어야 할 정도로 가장 중요한 목표 설정단계에서 연초라 시간이 없다는 핑계로 목표 설정면담을 해야 할 구성원이 많다는 핑계로 경영진과 리더가 가배분한 목표를 일방적으로 밀어붙입니다. 구성원의 의견 반영, 동의 없이 리더의 의견을 관철시킵니다. 그러나 구성원은 실제 이 목표에 동의하지 못하고 여전히 불만인 상태입니다. 10%의 시간밖에 사용하지 않을 정도로 이 단계를 소홀히 넘깁니다. 그리고 20%의 실행 촉진단계의 중간 평가면담뿐만 아니라, 수시/상시 면담을 통해 구성원의 일하는 상황과 모습, 잘한 행동, 잘못하면서도 아쉬운 행동에 대해 관찰/기록하고 그 기록한 결과를 가지고 코칭, 피드백 하면서 업적 결과에 대한 증거와 근거를 남겨 놓아야 했습니다. 하지만 면담을 안하거나 형식적으로 진행해 이런 근거들을 남겨 놓지 못한 것입니다. 구성원의 목표는 대충 설정되었고 면담을 제대로 하지 않아 어떻게 일을 했는지에 대한 근거가 없는 것입니다. 이렇게 해놓고서 12월, 1월이 되어 평가등급을 주고 그 평가등급에 맞는 평가 근거 내지 피드백을 주려고 하니 어려운 것입니다. 70%의 시간을 사용해 가며 이리도 해보고 저리도 해보지만 혹시라도 있을 구성원의 이의 제기(challenge)에 평가 근거를 제시하면서 제대로 된 설득을 할 방법이 없는 것입니다. 막연히 "나는 분명히 그렇게 봤어.", "좀 아쉽더라도 내가 준 평가등급을 수용해 주었으면 해."라고 말하면서 권위로 누르거나, 사정을 하거나 할 수밖에 없는 것입니다. 하지만 이렇게 하는 방식이 언제까지 통할 수 있을까요? 특히나 솔직하게 얘기해 주는 것을 좋아하고 공정함을 중요시하는 MZ세대들에게 말입니다. MZ세대들은 평가등급을 주었으면 그에 맞는 구체적이면서도 명확한 피드백도 달라고 요청할 것입니다.

하지만 대부분의 리더들이 이렇게 거꾸로 10% : 20% : 70%로 시간을 사용하면서 평가와 피드백의 기준점인 목표가 불명확한 상태에서 평소 구성원이 어떻게 일을 하고 있는지 관찰 근거 없이 12월, 1월을 맞이합니다. 불가피하게 이런 상황에서도 평가등급을 주어야 합니다. 그리고 평가 근거와 피드백거리를 준비해야 합니다. 이럴 때 사용하는 최후의 방법은 이것입니다.

양방향 질문 6가지를 통해 본인의 한 해 업적 결과를 본인의 입으로 말하게 합니다. 인정하게 합니다. 그리고 리더는 그 내용을 가지고 평가 등급을 주고 그게 근거였다고 말하는 것입니다. 정말 최후의 방법입니다. 불가피할 경우에만 사용해야 합니다. 리더들 모두가 이런 상황에까지 이르지 않았으면 하는 방법입니다. 이렇게 꼬투리를 잡는 방법은 뭐가 되었건 간에 치사스러우면서도 부끄러운 일이기 때문입니다. 관련 방법을 소개하기는 하지만, 사용 안하였으면 좋겠습니다. 또 양방향 질문의 6가지의 의도를 잘 모르는 선량한 구성원을 기만하는 행위라고 오해하지 않았으면 합니다. 어쩔 수 없는 경우에 한하여 리더의 평가 결과와 평가 근거를 최소한으로 확보해 내는 수단이라고 생각하면 좋을 것 같습니다.

【3】평가 결과를 구성원 스스로가 인정하게 하는 두 번째 방법입니다.

그럼에도 불구하고 여전히 평가등급 결과에 대해 구성원이 수긍하지 못하는 경우입니다. '인간은 착각의 동물'이라고 했으니 충분히 그럴 수 있습니다. 자기 자신에 대해 최대한 정확히 알려고 노력하거나 아는 상태인 '자기 인식'은 정말 어려운 주제입니다. 인간은 자기 자신에 대해 정말 잘 알아야 50~60% 정도 수준이라는 얘기도 있습니다.

이런 경우에는 다소 번거로워도 이렇게 이벤트를 하나 만들어 진행하였으면 합니다. 평가등급 결과에 이의를 제기하는 구성원에게 한 해 동안의 업적 결과에 대해 문서로 정리해 오게 하는 것입니다. 파워포인트 파일로 만들어 오라고 하면 더 좋습니다. 그리고 그 구성원에게 말합니다.

"당신이 리더인 나의 평가 결과에 대해 신뢰를 하지 못하니, 더 여러 사람의 의견을 들어 보도록 하자.",

"당신한테 30분 정도 시간을 줄 테니 동료 구성원들 앞에서 공개 PT를 해보고, 동료 구성원들의 피드백을 받아보면 좋을 것 같다."

이렇게 다수의 동료 구성원 앞에서 PT를 시키고, 동료 구성원들이 평가를 하고, 피드백을 하게 자리를 만드는 것입니다. 번거롭기도 하고 한편으로는 잔인한 방법일 수도 있지만 효과는 큰 방법입니다.

동계 올림픽 피겨 스케이팅에 출전한 김연아 선수의 경우 기술적인 부분 외에 예술적인 부분은 정량적으로 평가 불가능한 정성적 평가의 영역이어서 여러 명의 전문가로 구성된 심사위원단의 평가를 받습니다. 통상 최고, 최저 점수를 제외한 나머지 심사위원의 점수를 산술 평균하여 점수를 산출합니다. 말 그대로 정성적인 영역인데 여러 명의 주관적인 점수를 평균화하여 정량적인 수치로 전환시켜서 순위를 결정하는 것입니다.

이 비슷한 것을 해보는 것입니다. 낮은 평가등급을 받은 구성원은 본인이 한 해 동안 어떤 수준의 목표를 설정하고 어떤 계획과 준비, 노력을 통해 어떤 결과물들을 만들어 냈는지 동료 구성원들 앞에서 최선을 다해 본인을 어필하는 것입니다.

평가와 피드백을 담당하게 된 동료 구성원들은 본인의 목표 수준, 본인의 노력 정도 그리고 그 결과물이랑 PT의 내용을 비교해 가면서 평가를 할 것이며 마찬가지로 피드백을 할 것입니다. 그 결과 다수의 동료 구성원들의 평가 결과가 리더의 것과 유사하다면 그것을 근거 삼아 이의를 제기한 구성원에게 리더 평가 결과의 타당성을 얘기하면 될 것입니다. 다만, 여러 다른 동료 구성원들 앞에서 성과 부진자라는 낙인, 성과 부진자이면서도 자기 자신이 어떻게 일을 하는지조차도 잘 모르는 이상한 사람이라는 따돌림을 받게 되지 않도록 사후 뒤처리도 신중히 이루어져야 합니다. 해당 구성원이 자신감 상실, 자존감 위축 등으로 이어지지 않게 구성원 간 관계에 특이 사항이 발생하고 있지는 않는지 세심히 살펴보아야 합니다. 이것 역시 리더의 일입니다. 이 모든 행위는 일을 잘못하는, 그래서 내가 미워하는 그 누군가에게 낙인을 씌우려고 하는 것이 아닙니다. 낙인을 씌워 내가 담당하고 있는 조직의 성과를 저하시킨 분풀이를 하려고 하는 것도 아니고, 왕따를 시켜 못살게 굴려고 하는 것도 아닙니다. 단지, 리더인 나의 '일 잘하는 수준'과 '일 잘하는 사람'에 대한 기준이 구성원들의 그것과 다르지 않다는 것을 보여 주려는 것입니다. 내 인사평가의 원칙과 기준을 투명하게 공개하고 공정한 집행을 하고 있음을 구성원 모두에게 확인받으려 하는 것입니다.

예상과는 반대로 동료 구성원들의 평가 결과가 리더의 것과 유사하지 않다면 이때는 통 크게 리더가 양보를 해 주어야 합니다. 리더도 사람인지라 오류가 있고 잘못을 저지를 수 있다고 하면서 평가 결과에 대한 수정을 약속해 주어야 합니다. 하지만 이럴 경우 뒷수습할 볼륨이 적지 않습니다. 리더인 나의 평가가 자의적일 수도 있다는 단서가 될 수도 있습니다. 나 자신을 성찰하여 고칠 부분이 있다면 고쳐야 합니다. 대다수 구성원으로부터 나와 나의 리더십이 신뢰받지 않고 있다는 신호일 수도 있습니다. 구성원과의 관계 설정, 내 리더십의 신뢰 정도에 대한 종합적인 점검이 필요할 수도 있습니다. 즉, 그러하기에 이러한 이벤트는 효과도 크지만 리스크도 크다고 할 수 있습니다. 하지만 내 평가 결과에 대해 확신이 있는 리더, 사람과 기분에 좌우되지 않고 내 평가의 기준과 원칙이 확고하다고 생각하는 리더들에게는 이 방법을 사용해 볼 것을 권유합니다. 한 번 이런 이벤트를 통해 내가 의도한 대로 결과를 얻는 경우, 즉 리더가 승리한 경우, 그 다음부터는 낮은 평가등급을 받은 구성원이 정말 웬만한 경우가 아니면, 득보다 실이 너무나 클 것이기 때문에 평가 결과에 대한 이의 제기를 잘하지 못할 것입니다.

【4】그럼에도 불구하고 구성원에 대한 리더의 사후 care는 필요합니다.

세계적 반도체 양산기업 중 하나인 OO기업에서 강의할 때의 일입니다. 쉬는 시간에 학습자였던 파트장들이 대화하는 소리를 듣게 되었습니다. 후배로 보이는 여성 파트장이 선배로 보이는 남성 파트장에게 자문을 구하고 있었습니다. 여성 파트장은 파트장이 된 지 얼마 안돼 보였습니다.

그 여성 파트장의 딜레마 상황은 이랬습니다. 어느 날 파트장의 상급자인 팀장이 4명의 파트장을 소집합니다. 그리고

"이번에 우리 팀에 최하위 등급인 'C'가 한 명이 배정되었으니, 너희들이 알아서 배분하라."

고 했다 합니다. 고민 끝에 파트장 네 명은 그러면 안되는데, 결국 해법을 찾지 못하고 사다리 타기를 하게 됩니다. 그 결과 가장 막내였던 초보 파트장인 그 여성 파트장에게 'C'가 배당이 됩니다. 우리나라의 세계적 일류 기업에서 아직 이런 일이 발생합니다. 아주 오래 전 얘기도 아니고 2020년의 일입니다. 아무튼 간에, 그 여성 파트장은 결국 'C'를 누구에게 주어야 할지를 결정합니다. 선수가 결정된 것입니다. 하지만,

그 파트장은 마음속에 선수를 결정한 이후에, 선배 파트장에게 자문을 구하고 싶었던 것입니다.

후배 여성 파트장은 선배 파트장에게 이렇게 질문을 했습니다.

"먼저 그 구성원에게 'C'를 통보하고, 충격과 화가 좀 누그러진 일주일 정도 이후에 '미안하다'고 하면서 식사를 하자고 하는 것이 나으냐?" 아니면, "조금 더 스킨십을 쌓기 위해, 먼저 식사를 하고 일주일 정도 뒤쯤에 'C'를 통보하는 것이 나으냐?"

이 책을 읽는 리더분들의 생각은 어떠실까요? 두 가지 대안밖에 없다고 한다면 어떤 선택을 하시겠습니까? 괴롭고 힘들겠지만 먼저 'C'를 통보하는 것이 나을까요? 아니면, 좀 더 친해진 다음에 조금 미루었다가 나중에 'C'를 알려 주는 것이 나을까요? 선배 파트장의 조언은 전자였습니다. 어렵겠지만 말이 잘 안 떨어지겠지만 먼저 'C'를 통보하고 사후 care를 충분히 하라는 조언을 해 주었습니다. 저는 그 당시 옆에서 이 대화를 엿듣다가 이런 얘기를 해 주었습니다.

"이런 고민을 한다는 것 자체가 리더가 되었다는 것입니다."

"리더가 아닌 사람은 이런 고민을 하지 않습니다."

"리더가 되었기 때문에 하는 이런 고민을 피할 수 없다면 즐기세요."

"어차피 퇴직 이후에 자연인이 되면, 이런 고민을 하고 싶어도 하지 못합니다."

"리더가 되어 얻게 된 책임과, 리더가 되어 갖게 된 권한을 최대한 즐기십시오."

이 사례는 성과관리를 하는 리더에게 두 가지 시사점을 제공합니다.

첫째는, 사다리 타기는 안된다는 것입니다. 물론, 원칙과 기준 없이 어렵고 곤란한 일을 파트장에게 떠넘긴 팀장부터가 문제였습니다. 팀장의 이런 행위는 결국 파트장들로부터 인정을 못 받을 것입니다. 권위주의시대, 수직적 조직문화시대의 "내가 너희들 상사인데, 내가 어떻게 하든 너희들이 어쩔 건데.", "자, 하라는 대로 해."라고 강압하는 리더의 모습으로만 파트장들의 머릿속에 남을 것입니다.

둘째는, 사후 care의 필요성입니다. 의사들도 오래전부터 나쁜 소식을 어떻게 전할 것인지에 대한 고민을 많이 했다고 합니다(다음 그림 참조). 하지만 최근 들어 일본 의료계에서는 나쁜 소식을 전하는 것 외에 나쁜 소식을 전한 이후에 사후 care를 어떻게 해야 하는지에 대한 고민도 함께 한다고 합니다. 그것 역시 의사의 책임이고 의사의 역할이라는 인식을 하고 있다고 합니다. 즉, cure에서 care로 패러다임이 전환되고 있습니다.

나쁜 소식 전하기 6단계

1	**S**etting up & Starting	상담 환경 조성
2	**P**erception	환자 인지 정도 파악
3	**I**nvitation	얼마나 알고자 하는지 파악
4	**K**nowledge	지식 제공
5	**E**motion	공감
6	**S**trategy & Summary	계획 수립과 요약

출처 : 중앙일보, 2021. 5. 17.

리더십, 성과관리의 영역도 이와 궤를 같이 합니다. 평가등급 통보 이후의 사후 관리, 사후 care 활동 역시 성과관리의 전 영역에서 중요한 부분을 차지합니다. 이 부분 역시 두 가지 유형으로 구분해 설명하겠습니다. 리더가 낮은 평가등급을 받은 구성원에게 태도, 언행을 어떻게 포지셔닝 해야 하는지 안내하겠습니다.

첫째, 일시적 부진으로 인해 낮은 평가등급을 받은 구성원의 경우입니다. 이 경우에는 자신감 회복, 동기유발을 통한 성과 개선에 초점을 맞추어야 합니다. 아무리 개인적 능력이 탁월한 구성원이라고 할지라도 이러한 부진이 반복된다면 쉽게 자신감을 잃고 보통성과자 이하의 구성원이 될 수도 있습니다. 구성원의 잘못이 아닌 외부요인에 의한 성과 부진이라고 하면 정확한 원인 진단을 통해 리더가 그 외부요인을 제거해 주어야 합니다. 당신 잘못이 아니고, 외부요인의 문제이니 너무 자기 자신을 책망하지 말라고 말해 주어야 하고 다른 동료 구성원 앞에서도 지지의 선언을 해 주어야 합니다. 어려운 업무를 계속 맡아 어쩔 수 없이 상대적 성과 부진을 겪고 있는 경우라면 업무 배분을 다시 해 성과 개선을 지원해야 합니다. 다른 구성원 대비 면담 횟수도 늘리면서 관심을 계속 보이고 지원할 방법에 대해서도 고민해야 합니다. 사람이라는 것이 묘한 존재인 것이 거창하면서도 커다란 지원이 아닌 리더가 구성원에게 하는 인정의 말 한마디, 관심을 표명하는 말 한마디, 구성원의 상황을 헤아리는 이해의 말 한마디에도 동기가 크게 유발될 수 있습니다. 가성비 있게 구성원의 동기를 유발할 방법은 리더의 고민 정도에 따라 얼마든지 다양화될 수 있습니다.

둘째, 성과 부진이 수년 간 지속되고 있는 구성원의 경우입니다. 구성원 스스로 성과 개선에 대한 의지도 없는 경우입니다. 이 경우에는 격려와 위로를 포함한 care는 하되 좀 더 단호하게 조치를 취해야 할 필요도 있습니다. 이러한 상황이 2년 이상 지속될 경우에는 인사적 조치 절차를 진행할 수 있음을 분명히 경고해야 합니다. 이러한 구성원을 그냥 방치할 경우 조직문화에 나쁜 영향을 끼쳐 더 큰 손실이 초래될 수도 있기 때문에 더욱더 냉정하게 의사결정을 해야 합니다. 다른 구성원 역시 리더의 단호한 조치를 기대하고 지켜보고 있을 수도 있습니다. 인사부서와의 협의 후 다른 부서, 다른 직무로의 재배치까지 고려하기 바랍니다. 물론 이에 앞서 이러한 조치의 정당성을 확보하기 위해 리더로서 할 수 있는 모든 조치를 다 시도해 보아야 합니다.

평가를 평가 그 자체로 끝내는 것이 아니고, 그 평가 결과를 활용하는 것, 즉 리더는 성과 창출에 방해가 되는 요인을 제거하고 성과 개선을 위한 여러 물리적, 비물리적 조치를 구성원에게 취해야 합니다. 이것이 성과가 부진한 구성원뿐만 아니라, 다른 동료 구성원에게도 리더의 역할과 책임을 온전히 다하는 행위입니다.

Q14

PART II 구성원 모두의 최적 만족을 위한 공정성/수용성 확보방법

상위 평가등급에 제한된 portion이 배정되어 있어 일을 잘한 구성원 모두에게 좋은 평가등급을 줄 수 없는 경우가 많습니다. 구성원에게 어떻게 얘기해 주고 대응해야 할까요?

≫ 질문의 상황 맥락

구성원 모두가 업무 목표는 아주 정상적으로 잘 설정했다는 가정 하에 논의를 하겠습니다. 리더 입장에서는 모두 다 노력하고 고생한 것을 가장 잘 알기 때문에 웬만하면 모두 다 최상위등급 내지 상위등급을 주고 싶을 것입니다. 특히 각 부서의 에이스들만 모아 놓은 TF팀 같은 경우에 모두 다 최상위등급을 받을 만한 구성원들인데 최상위등급의 제한된 %, portion 때문에 어쩔 수 없이 최상위등급이 아닌 낮은 등급을 받게도 됩니다.

이럴 때 가장 난감하고 곤란한 것이 평가권자일 것입니다. 자칫 잘못하면 평가등급에 대한 기대가 컸던 고성과자들을 실망시키고

동기를 저하시켜 성과를 감소시킬 것입니다. 구성원들의 리더에 대한 신뢰를 잃을 수도 있을 것입니다.

≫ 성과관리와 관련된 이론/사례

리더로서의 부담을 줄이기 위해서라도 최대한 많은 사람들에게 가장 좋은 평가등급을 주고 싶은 것이 단위 조직의 리더일 것입니다. 고3 담임 선생님은 한 명이라도 더 1등급을 주고 싶은데 안타깝게도 OOO 학생부터는 2등급입니다. 여당은 선거를 앞두고 한 명이라도 더 재난지원금 대상에 포함시키고 싶겠지만 전국민 재난지원금은 소득 하위 88%까지이고 89%인 우리 집부터는 지원금 수혜 대상이 아닙니다. 올림픽도 4강 정도이면 세계 4등 안에 든 것이니 매우 잘한 것이지만 3, 4위 전에서 패하면 안타깝게도 메달을 획득하지 못합니다.

우리는 태어나면서부터 경쟁이라는 것을 숙명으로 받아들이고 이렇게 인생 전체에 걸친 긴 race를 펼치고 있습니다. 모두 다 원하는 좋은 대학에 갈 수는 없는 노릇이니 1등부터 꼴등까지 상대평가에 의한 서열을 만들고 그 서열 순위를 기준점으로 삼아 대학 합격 가부를 결정 받습니다. 입사를 해서도 마찬가지입니다. 입사는 같은 날 같이 했더라도 모두 다 승진시킬 수는 없기에 구성원들을 서열화합니다. 구성원 모두다에게 최고 한도의 인센티브는 줄 수 없기 때문에 구성원들을 서열화합니다. 모두가 일반적으로 원하는 재화의 양과 질이 제한되어 있기 때문에 상대평가에 의한 서열화가 대부분 불가피합니다. 그러므로 이러한 상황을 너무 지나치게 부정적으로 보지 않았으면 합니다. 물론, 최선의 상황은 아닙니다. 어쩔 수 없이 불가피한 차선의 상황일 것입니다.

물론, 이처럼 전체 조직 차원에서는 당연하지만, 직접 평가를 하고 평가등급을 통보하며 그에 따라 사후 care 활동도 해야 하는 구성원과 접점에 있는 리더에게는 이것이 결코 작은 일이 아닙니다. 어떡하든 이러한 부담스러운 상황을 회피하거나 줄이고 싶어 합니다. 그래서 다른 여러 기업들은 상대평가를 하다가 절대평가로 많이들 전환했다고 하는데 왜 우리 회사는 아직도 케케묵은 상대평가를 하느냐고 볼멘소리를 합니다. 즉, 모두에게 좋은 평가등급을 주고 욕을 먹지 않고 싶은 것입니다. 마치 대학의 교수가 모든 학생들에게 A나 A+를 주는 경우입니다. 하지만, 이것을 '학점 인플레'라고 비판적으로 보는 견해가 많습니다. 기업의 경우에도 '평가등급 인플레'로 모두 다 일을 잘했다는 결론이 나올 것입니다. 이 경우에 단위 조직의 리더는 욕은 그 전보다 덜 먹겠지만 조직 전체를 운영하는 경영자는 난감한 상황에 처합니다. 누구를 먼저 승진시킬지 판단할 수 없게 됩니다. 인센티브 분배의 기준을 잡지 못합니다. 정말 일을 열심히 하고 있는 구성원에게는 역으로 동기 저하 요인이 됩니다.

그리고 이 책을 읽는 모든 리더 분들께 여쭙고 싶습니다.

"정말 모든 구성원이 똑같이 일을 잘해, 최상위 S등급을 주어야겠다고 판단한 것인지?" 아니면, "조직 차원이 아닌 리더 개인 차원에서 부담도 줄이고 욕도 먹지 않기 위해 최상위 S등급을 주려고 하는 것인지?" 또 "구성원 각각이 어떻게 일을 했는지 관찰하고 메모, 기록한 것이 없어 판단하고 구분하기 어려워(평가 결과에 대한 이의 제기에 대응할 수도 없음) '퉁'쳐서 다 잘했다고 얘기하고 싶은 것인지?"

어느 쪽일까요? 저자인 저도 답을 알고 있고 리더 분들 모두도 답을 알고 있을 것입니다.

다음에 저자가 정리한 표를 보면 글로벌 기업 여러 곳이 상대평가를 하고 있다가 최근 몇 년 사이 절대평가로 전환했다는 사실을 확인할 수 있습니다. 하지만 제도는 돌고 돈다고 가장 먼저 상대평가에서 절대평가로 전환했던 GE가 최근 다시 상대평가로 전환했다는 소식도 들립니다. 상대평가를 하면 상대평가의 단점이 더 커 보여 절대평가로 전환하는 것이고 절대평가를 하면 또 절대평가의 단점이 커 보여 다시 상대평가로 전환하는 것 같습니다.

그리고 상대평가에서 절대평가로 전환했다는 기업 역시도 우리가 상식적으로 아는 절대평가의 모습과는 다릅니다. S/A/B/C/D 등급 중 가운데 등급인 B등급의 %를 최대화하면서 웬만큼만 하면 B등급은 받을 수 있게 하고는 있지만 여전히 상위 등급인 S/A등급과 하위 등급인 C/D등급을 별도로 관리하면서 상대평가를 하고 있습니다.

이게 조직이 단위 조직인 리더들에게 그나마 양보해 줄 수 있는 최소한의 조치일 것입니다. 뭐가 되었건 간에 조직은 한정된 재원을 효율적으로 사용하면서도 신상필벌(信賞必罰)의 원칙을 적용해 상위의 일 잘하는 구성원에게 상과 동기부여를 제공하고 하위의 일 잘못하는 구성원에게는 벌과 성과 개선의 알람을 제공하려 합니다. 이것이 조직의 성장과 생존을 위해 필요한 일이라고 생각해 조직은 이 이상은 양보하지 않으려고 할 것입니다. 그래서 많은 기업들은 굳이 절대평가라 선언하지는 않지만 가운데 등급을 40~60% 두텁게 만들어 리더들의 부담은 줄여주면서도 상위 등급을 10~20%, 하위 등급을 10~20%라도 운영하려고 하는 모습을 최근에 보이고 있습니다. 아예 최하위 등급이 없으면 굳이 일부러 주지 않아도 된다는 식으로 유연함을 보이기도 합니다.

글로벌 기업의 성과평가제도 변화 트렌드

기업	배경	개선 내용
Adobe	2012년 CHO 신문 인터뷰	From : 1회/연 업무실적 집계, 4등급 강제 배분 To : Check-in process(1회/분기) 　　　3가지 주제 대화(**기대 목표, 피드백**, 성장) 효과 : 자발적 이직률 30% ↓
MS	잃어버린 10년 : 구글, 애플보다 **동료와 경쟁** - 경쟁보다 부서간 소통과 협업 중요	평가 서류 화형식 거행 From : 3~5등급의 Stack Ranking 　　　연 1회 평가 ➡ **투쟁(경쟁)** 아님 도주 To : 협업 위해 상대평가 폐지, **수시 피드백/코칭**
GE	소프트웨어 회사 선언. 작은 실패, 모험 권장. Learn start, Fast works.	From : 3~5등급의 Stack Ranking 　　　연 1회 평가 To : 차별적 보상에서 역량개발로 shift 　　　상대평가 대신 **수시 피드백** 통해 협업 지원 　　　축적된 자료를 연말에 요약하여 보상에 연결
Google	자유로운 근무 분위기. 성과에 대한 엄격함. 다양한 사업의 빠른 전개로 기업 Identity 유지와 결속.	수시로 동료가 360도 평가 연 4회 전사와 개인별 목표 공유 평가근거 자료 공개 절대평가 방식을 통한 **피드백과 코칭** **상위 5%/하위 3% 분류** : 하위 3% 개선 기회 제공
LG전자	직급 축소. **경쟁/효율 ➡ 협력/집단 지성**	From : 5등급 상대 평가 To : 2011년부터 A, B, C는 절대평가, **S, D는 별도 평가**

출처 : THE GOAL : 성과관리 리더십, p.25, 이재형 저

리더의 피드백 포인트 및 조치사항

【1】목표 수준을 높게 설정하여, 모든 구성원이 달성도 100%에 이르지 못하게 해야 합니다.

대부분의 대학에서도 절대평가가 아닌 상대평가로 학생들에게 학점을 부여합니다. A학점 30%, B학점 50%, C학점 이하 20%와 같은 방식으로 학점이 배분됩니다. 저자가 대학 강당에 처음 서서 강의를 막 시작하고 중간고사 시험문제를 출제할 때의 일입니다. 선배 교수로부터의 조언을 듣습니다. 선배 교수는 시험문제의 난이도를 잘 조절하라고 하면서 두 가지 상황이 발생할 수 있다고 알려 주었습니다.

첫 번째 상황은 시험의 난이도가 너무 낮아 대부분의 학생들이 만점에 가까운 점수를 받은 경우입니다. 전혀 안 틀리거나 1개 또는 2개 틀린 학생들이 대부분입니다. 이 경우에 학생들은 상대평가인 것은 분명 알지만 시험을 잘 본 것으로 스스로 판단해 높은 학점을 기대합니다. 하지만 상대평가인 관계로 1개가 틀려 96점을 받아도 그 앞에 100점이 여러 명인 경우 96점을 받고도 B학점을 받을 수 있습니다. 그럼에도 불구하고 높은 학점에 대한 기대가 충족이 안되었기 때문에 학생들이 교수에게 하는 학점 이의신청 횟수가 증가합니다. 상대평가이지만 기대가 충족이 안되었고 여전히 아쉽고 결과가 안 바뀐다는 것을 익히 잘 알고 있지만 낮은 학점을 받은 것에 대한 귀인을 상대평가제도, 교수 등과 같은 외부로 돌리고자 하는 것입니다. 평가등급 배분 이후 평가 결과에 불만을 가지고 평가권자에게 이의 제기를 하는 구성원들의 심리 기제는 동일합니다.

반대로 두 번째 상황은 난이도가 너무 높아 대부분의 학생들이 90점에 미달할 경우입니다. 90점 이상을 득점한 학생이 두세 명에 불과한 상황입니다. 이 경우 학생들은 높은 학점을 받을 것을 일찌감치 포기합니다. 하지만 마찬가지로 상대평가이기 때문에 89점을 받아도 A학점을 받을 수 있습니다. 시험을 못 봤다고 생각해 A학점은 생각지도 않는데 A학점을 받는다면 기대 이상의 결과이니 정말 기분이 좋을 것입니다. 상대평가제도가 어떻고, 교수가 어떻고 하는 말을 꺼낼 필요도 없을 것입니다. 당연히 학점에 대한 이의신청도 없을 것입니다.

수학 성적 만점자 및 동점자가 많이 나오면 고교 내신 등급을 주기 곤란해집니다. 이러한 문제를 해결하기 위해 내신 경쟁이 치열한 강남 3구의 많은 고등학교에서는 수능 시험 난이도와는 상관없이 내신 등급을 확실히 구분해 주기 위해 시험문제를 어렵게 낸다고 합니다. 너무나도 어려워 여러 원성은 사지만 내신등급을 주기 위한 서열화를 위해서는 어쩔 수 없는 불가피한 상황인 것입니다.

물론, 난이도가 너무 낮아도 안되고 너무 높아도 안되고 적정해야 할 것입니다. 하지만 난이도가 낮은 것보다는 높은 것이 유익합니다. 리더는 좀 더 도전적인 목표를 설정해 조직의 목표 달성과 성과 창출을 좀 더 가속화 한다는 차원에서, 그리고 평가 결과에 대한 이의 제기를 줄일 수 있다는 장점이 있기에 목표 조정/합의 시 구성원의 목표 수준을 최대한 높여 잡아야 합니다. 목표 수준을 다 낮게 잡아 모든 구성원이 달성도 100%가 된다면 앞의 경우의 대학생들처럼 모두 다 S등급을 기대할 것이며 평가 결과에 대한 이의 제기도 많을 것입니다.

리더의 보상 심리도 문제입니다. 앞서 설명한 것처럼 아슬아슬하게 S등급을 받지 못하고 A등급을 받은 구성원에게 리더는 지키지 못할 약속을 합니다. "올해는 미안하지만, 이렇게 받아들여 주고, 내년에는 어떻게든 S등급을 주도록 할게." 하지만, 상대평가입니다. 전년도에 한 약속 때문에 누군가에게 S등급을 주려면, 또 다른 누군가를 A등급으로 내려야 합니다. 피치 못할 희생양이 필요한 것입니다.

프로야구의 심판도 마찬가지라 합니다. 3회 초 3볼 2스트라이크 상황에서 던진 류현진 선수의 공이 스트라이크 존에서 벗어났음에도 불구하고 스트라이크 콜을 받습니다. 움찔한 심판의 손이 얼떨결에 올라가 스트라이크 판정을 하고 타자는 삼진 아웃됩니다. 그리고 타순이 돌아 6회 초 같은 타자일 때 이번에는 반대의 볼 판정이 나옵니다. 분명히 스트라이크였지만 볼 판정이 나오고 타자는 볼넷으로 출루합니다. 3회 초 스트라이크 판정에 미안함을 가지고 있던 심판이 6회 초 그 미안함을 갚은 것입니다. 하지만 이 6회 초의 잘못된 볼 판정이 이날 승부를 바꾸어 놓습니다.

이처럼 우리 인간들은 보상 심리를 가지고 있습니다. 누군가에게 미안함을 주었다면 그것을 마음속에 담고 있다가 언젠가 다시 등가의 가치 이상의 보상을 하려고 합니다. 리더가 이렇게 보상을 하는 데 있어 상대평가는 엄청나게 귀찮은 존재입니다. 상대평가만 아니라면, 얼마든지 내가 약속한 대로 S등급을 줄 수 있는데 그러지를 못하고 있습니다. 성과관리, 성과평가제도는 구성원이 어떤 성과를 얼마나 내었는지 확인하고 그에 상응한 보상을 배분하는 제도입니다. 조직의 관점이 아닌 리더 개인의 관점에서 내 부담을 덜기 위해 되도록 많은 사람들에게 높은 평가등급을 주기 위해 존재하는 제도가 아닙니다.

리더십의 정의는 '다른 사람(구성원, 팀원, 부하 직원 등)에 대한 영향력 행사, 동기부여를 통해 그 다른 사람이 목표를 달성하고 성과를 창출하게 하는 것'입니다. 하지만 여기에 첨언하고자 합니다. 다른 사람에 대한 영향력 행사, 동기부여 이전에 리더가 먼저 해야 할 일이 있습니다. 리더라면 누가 일을 잘하는 사람이고 누가 일을 잘못하는 사람인지 구분할 줄을 알아야 합니다. 그리고 이를 위해서는 직관적으로 아는 것 이상으로 일하는 구성원의 상황과 일을 하는 모습을 끊임없이 주시했다가 주시하고 관찰한 결과를 메모/기록해 두어야 합니다. 일을 잘하는지, 못하는지 evidence를 남겨 두어야 합니다. 그리고 이 evidence를 가지고 이것에 기반해 구성원 각각의 성과를 확인하고 평가등급과 보상을 결정하는 사람이 리더입니다.

【2】목표 달성률 외에 목표 수준을 높게 설정한 구성원에게 상대적으로 높은 평가등급을 줍니다.

전년도 A구성원의 실적은 100이었습니다. 올해는 전년도보다 5가 추가된 105라는 목표가 설정되었습니다. 연도 말이 되어 A구성원은 목표 105를 달성하고 최소 A등급에서 최대 S등급까지를 기대하고 있습니다. A구성원 입장에서는 당초 목표였던 105를 100% 달성하였기 때문에 A등급 또는 S등급을 기대하는 것은 너무나도 당연할 것입니다. 그리고 절대평가제도 하에서는 A구성원이 기대하는 평가등급을 주는 것은 어려운 일이 아닙니다. 하지만 상대평가제도 하에서는 다른 구성원이 어떤 달성률을 보였는지가 중요합니다. A구성원이 전년 대비 5를 추가하는 선에서 목표를 상향 조정한 것에 비해 다른 구성원들은 10 또는 15를 상향 조정했을 수도 있습니다. 5를 상향한 A구성원, 10을 상향한 B구성원, 15를 상향한 C구성원이 있고 모두 다 목표 달성률이 100%라면 전년 대비 성장률을 따져서 115를 달성한 C구성원에게는 S등급을, 110을 달성한 B구성원에게는 A등급을, 마지막으로 105를 달성한 A구성원에게는 B 이하의 등급을 주는 것입니다. C구성원은 Threshold(최소 목표 : 문턱, 문지방 목표) 목표와 Target 목표를 넘어 Max 목표를 설정하고 달성한 반면에, A구성원은 동일하게 목표는 달성하였지만 최소 목표인 Threshold 105만을 설정하고 달성하였기 때문에 차별화된 평가를 받아야 하는 것입니다. 즉, 평가등급 결정 시 목표의 단순 달성률 외에 전년 대비 성장률을 더 비중 있게 다루어야 합니다. 물론, 모두 다 100% 달성했을 때는 성장률이 높은 순으로 상대평가의 높은 등급을 주겠다고 해야 하며 이 결정은 연초에 전 구성원의 동의를 받아 미리 선포되어야 합니다.

> Max: 115 → S
>
> Target: 110 → A
>
> Threshold: 105 → B 이하 예약

다음 표 2개는 구성원의 달성도를 평가하여 평가등급을 주는 기준표입니다. 하나는 금액을 기준으로 하고 있고 다른 하나는 %를 기준으로 하고 있습니다.

첫 번째 표는 18억을 기준으로 한 등급당 위/아래 1.8억씩 간격을 벌리고 있습니다. 반면 두 번째 표는 목표 대비 100%를 기준으로 한 등급당 위/아래 10%씩 간격을 벌리고 있습니다. 하지만 전 구성원이 19.8억

원을 초과한다거나 목표 대비 110%를 초과할 경우 모두에게 S등급을 주어야 한다는 결론이 나옵니다. 우리 팀이 말 그대로 각 부서의 에이스들만 모아 놓은 TF팀이어서, 모두 다 최상위등급을 받을 만한 성과를 창출한 것입니다.

평가등급의 배분 기준표

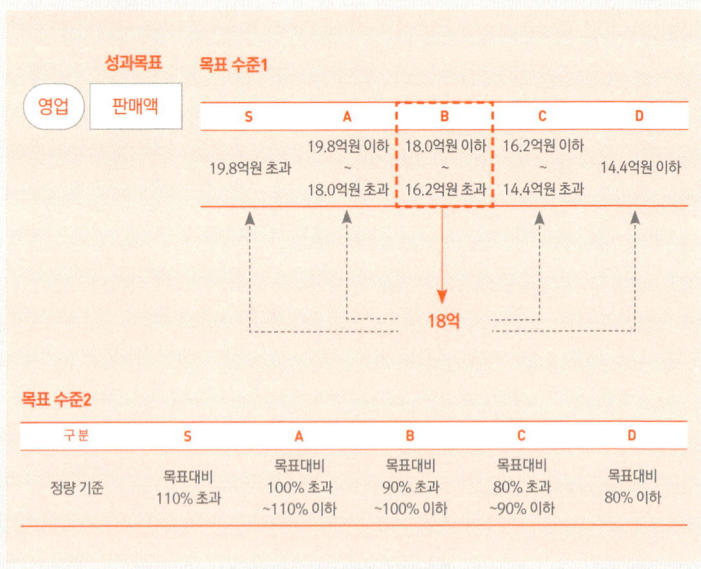

두 가지 방안이 있겠습니다. 그 중 하나는 앞서 언급했던 방식입니다. 평가등급의 배분 기준표와 병행해 모두 다 S등급을 받을 만한 성과를 창출했다면 성장률을 가지고 서열을 다시 정해 주는 것입니다. 상대평가이기 때문에 다 같이 잘했다고 하는 것이 아니라 서열은 정해 주어

야 합니다. 나머지 하나의 방안은 리더에게는 더 어려운 방법입니다. 회사에서 정해준 S등급의 portion이 30%라고 할지라도 에이스들이 모여 있는 특별한 팀이기에 에이스들의 동기부여를 위해서라도 S등급의 portion을 30%가 아닌 40%~50%로 더 확보해 오는 것입니다. 이를 위해서는 경영진과 평가 담당부서를 설득해야 할 것입니다. 예외를 인정받기 위해 필요할 때는 투쟁도 해야 할 것입니다. 외부자원을 하나라도 더 확보해 오는 것, 이것 역시 리더가 해야 할 중요한 역할 중의 하나입니다. 일을 잘해 놓고 좋은 평가등급을 기대하는 구성원들은 리더가 어떻게 외부자원을 확보해 오는지 지켜보며 리더에 대한 평가를 할지도 모릅니다.

- 참고 : 〈평가등급의 배분 기준표〉를 만들 때 평가등급 구간별로 등급 간격의 수치 및 %를 결정하는 산식은 다음 표와 같습니다.

평가등급 구간별 간격 결정방법

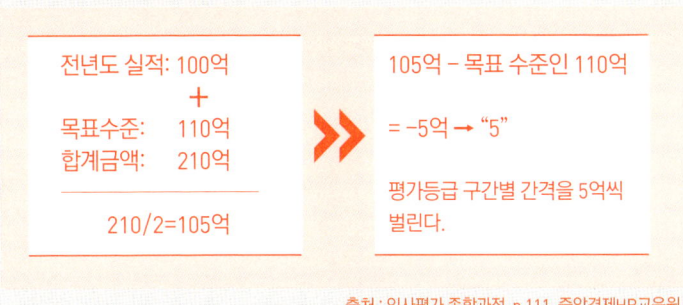

출처 : 인사평가 종합과정, p.111, 중앙경제HR교육원

이 표의 내용을 설명하겠습니다. 전년도 실적 금액과 올해 목표 수준 금액을 합산해 2로 나누고 다시 이 2로 나눈 금액과 올해 목표 수준 금액의 차이를 도출하면 5가 됩니다. 즉, 이 5를 가지고 평가등급 구간별 간격을 벌리면 됩니다. 목표 수준인 110억을 달성하면 A등급, 110억에 5억을 더한 115억을 달성하면 S등급, 110억에 5억이 모자란 105억을 달성하면 B등급 식으로 <평가등급의 배분 기준표>를 작성해 운용하면 됩니다.

Q15

PART II 구성원 모두의 최적 만족을 위한 공정성/수용성 확보방법

등급별 %가 있는 상대평가를 하다 보니, 실제 D등급에 해당하는 구성원이 없음에도 불구하고, 강제로 누군가에게는 D등급을 주어야 합니다. 이래서 절대평가를 해야 하는 것 같습니다.

 >> 질문의 상황 맥락

기업마다 다르지만 통상 S등급 10%, A등급 20%, B등급 40%, C등급 20%, D등급 10%와 같은 평가등급 비율(%)을 정해 놓고 평가등급을 강제적으로 배분합니다. 이러다 보니 실제 D등급에 해당하는 일을 한 구성원이 없음에도 불구하고 상대평가여서 누군가에는 D등급을 주어야 하는 상황인 것입니다. 리더 입장에서는 가장 곤혹스러운 부분이며 D등급을 받게 되는 구성원에게 미안해서 어떻게 말을 꺼낼지조차도 고민합니다. 그래서 상대평가가 아닌 절대평가로 성과평가제도를 바꾸어 달라는 현장 리더들의 요청과 항의가 적지 않습니다.

>> 성과관리와 관련된 이론/사례

바로 이와 같은 이유 때문에 몇 년 전부터 많은 글로벌 기업들이 성과평가제도를 상대평가에서 절대평가로 전환하고 있다고 합니다. 바로 앞 Q14에서 한 번 제시한 아래 표를 다시 봐주길 바랍니다.

글로벌 기업의 성과평가제도 변화 트렌드

기업	배경	개선 내용
Adobe	2012년 CHO 신문 인터뷰	From : 1회/연 업무실적 집계, 4등급 강제 배분 To : Check-in process(1회/분기) 　　　3가지 주제 대화(기대 목표, 피드백, 성장) 효과 : 자발적 이직률 30% ↓
MS	잃어버린 10년 : 구글, 애플보다 동료와 경쟁 - 경쟁보다 부서간 소통과 협업 중요	평가 서류 화형식 거행 From : 3~5등급의 Stack Ranking 　　　연 1회 평가 ➔ 투쟁(경쟁) 아님 도주 To : 협업 위해 상대평가 폐지, 수시 피드백/코칭
GE	소프트웨어 회사 선언. 작은 실패, 모험 권장. Learn start, Fast works.	From : 3~5등급의 Stack Ranking 　　　연 1회 평가 To : 차별적 보상에서 역량개발로 shift 　　　상대평가 대신 수시 피드백 통해 협업 지원 　　　축적된 자료를 연말에 요약하여 보상에 연결
Google	자유로운 근무 분위기. 성과에 대한 엄격함. 다양한 사업의 빠른 전개로 기업 Identity 유지와 결속.	수시로 동료가 360도 평가 연 4회 전사와 개인별 목표 공유 평가근거 자료 공개 절대평가 방식을 통한 피드백과 코칭 상위 5%/하위 3% 분류 : 하위 3% 개선 기회 제공
LG전자	직급 축소. 경쟁/효율 ➔ 협력/집단 지성	From : 5등급 상대 평가 To : 2011년부터 A, B, C는 절대평가, S, D는 별도 평가

출처 : THE GOAL : 성과관리 리더십, p.25, 이재형 저

상대평가를 했더니 "구성원들이 실제 외부의 경쟁기업과 경쟁을 하지 않고 내부의 동료들과 경쟁을 하더라."라는 마이크로 소프트의 내부 지적과 반성으로 시작해 많은 기업들이 절대평가로 전환을 검토하거나 전환한 것입니다. 삼성전자 역시도 2022년부터 상대평가를 절대평가로 전환하는 내용을 골자로 한 개편된 성과관리제도를 시행한다고 합니다.

하지만 상대평가에서 절대평가로 전환했다고는 하지만, 표의 내용을 조금 더 자세히 살펴보면 우리가 생각하는 것과 같은 완전한 절대평가가 아니라는 것을 알 수 있습니다. Google의 경우 절대평가를 한다고 하지만 여전히 상위 5%와 하위 3%에 대해서는 별도 평가인 상대평가를 하고 있으며 LG전자 역시도 A, B, C등급에 대해서는 절대평가를 하고 있지만 Google과 마찬가지로 최상위 S등급 및 최하위 D등급에 대해서는 상대평가를 하고 있습니다. 삼성전자 역시도 2022년부터 절대평가를 한다고는 하지만 현재까지 알려진 바로는 최상위 EX등급 10%에 대해서는 여전히 상대평가를 한다고 하며 나머지 90%에 해당하는 구성원들에 대해서만 절대평가를 한다는 내용이라고 합니다.

즉, 상대평가에서 절대평가로 전환했다고 하는 많은 기업들의 제도 개편 내용을 보면 완전한 절대평가도 아닌 상대평가도 아닌 하이브리드 형태로 운용하고 있습니다. 상대평가가 단점만 있는 것이 아니라 건전한 경쟁을 유발시키고 잘하는 사람에 대한 차별적 보상이 가능하다는 장점도 있기 때문에 절대평가를 도입한다고 하면서도 상대평가의 장점을 취하고 있습니다.

리더의 피드백 포인트 및 조치사항

상대평가제도 하에서 평가등급을 강제적으로 배분하다 보니, 실제 D등급에 해당하는 일을 한 구성원이 없음에도 불구하고 누군가에는 D등급을 주어야 하는 상황이 리더의 딜레마이고 고충거리였습니다.

그렇다면 절대평가제도 하에서는 또 어떨까요? 제도 개편만으로 그동안의 딜레마와 고충거리가 해소되었을까요? 안타깝게도 그렇지 않다는 것이 대체적인 평입니다. 과거에는 D등급에 해당하는 구성원이 없음에도 불구하고 강제적으로 누군가에게 D를 주어야 한다는 것이 문제였다면 **이제는 D등급에 해당하는 일을 한 구성원에게 D를 주지 못하고 A를 주어야 하는 상황이 만들어진다는 것이 새로운 딜레마이고 고충거리입니다.** 즉, 상위 S급(삼성전자의 경우에는 EX등급) 10%를 제외하고 나머지 90%를 절대평가로 평가하다 보니 평가자 개인의 관대화 경향 및 구성원, 팀원들의 요구와 압력에 의해 B, C, D등급의 일을 한 구성원에게도 A등급을 주어야 하는 상황이 만들어진다는 것입니다. 이런 분위기와 압력에 밀려 어쩔 수 없이 A등급을 주고 있는 리더들은 이제 반대로 또 요청하고 있습니다. S/A/B/C/D등급별 쿼터(배분율, %)를 다시 부활시켜 달라고요. 이러한 방식의 절대평가보다는 과거의 상대평가가 더 나았던 것 같다고 다시 바꾸어 달라고 하는 것입니다. 그래서 절대평가로 전환한지 얼마 안되어 다시 상대평가를 하겠다고 선언한 글로벌 기업도 있습니다.

또 다른 제도 전환의 이유는 GE가 1년여 전에 다시 상대평가를 하겠다고 발표하였는데 젊은 직원들이 평가를 받고 순위가 매겨지는 것은 부담이 되고 싫지만 자신들이 어느 정도 수준으로 일하는 사람인지 알고 싶다는 것이었습니다. 자신들의 수준과 순위를 알기 위해서는 다시 상대평가를 할 수밖에 없는 것 아니냐는 결론에 도달했다는 것입니다.

제도는 제도일 뿐입니다. 앞서 설명한 것처럼 상대평가에도 장/단점이 있고 절대평가에도 장/단점이 있습니다. 완벽한 제도는 없습니다. **상대평가의 장점과 절대평가의 장점을 아우르는 하이브리드 형태로 제도를 운영하여야 합니다.** 아울러 제도가 어떻게 만들어지든 평가항목별로, 구성원별로 나온 그대로, 그리고 있는 그대로 연역적으로 평가해야 합니다. 그리고 그 평가한 결과값을 다른 요인에 의해 고치지 말고 나온 그대로 저장하고 제출해야 합니다. 조직의 관점에서 "누가 더 조직목표 달성에 기여했는지? 누가 더 많은 성과를 창출했는지?"를 고민하는 것이 아니라, 개인의 관점에서 소극적으로 피동적으로 "어떻게 하면 내가 덜 욕을 먹을까? 어떻게 하면 내가 구성원으로부터 불만을 덜 살까? 어떻게 하면 평가 결과에 대한 이의 제기를 줄이고 구성원과의 관계를 덜 껄끄럽게 할까?"를 고민하고 이에 몰두한다면 앞으로 제도가 몇 번 더 바뀌고 또 바뀌더라도 지금과 같은 평가 관행은 앞으로도 영원히 바뀌지 않을 것입니다. 평가자인 리더들 모두가 모여 잘못된 관행을 성찰하고 새로운 평가문화를 만드는 대전환의 원탁회의라도 열기를 바랍니다. 그리고 그렇게 만든 그라운드 룰을 지키고 꼭 지켜나가기를 바랍니다. 그렇게 한 발짝 한 발짝 기존과는 다른 혁신 활동을 통해 새로운 평가문화도 구축될 것입니다.

Q16
PART II 구성원 모두의 최적 만족을 위한 공정성/수용성 확보방법

개인별로 업무에 대한 역량도 다르고 서로 분야(또는 업무 중요도)가 다릅니다. 그러다 보니 어떻게 공정한 기회를 제공하고, 공정하게 평가할 수 있을지 고민입니다. 어떻게 해야 할까요?

 >> 질문의 상황 맥락

모든 구성원은 업무의 중요도와 난이도가 다른 업무를 각각 수행하고 있습니다. 따라서 리더는 각 구성원의 역량과 능력 및 그가 맡고 있는 업무의 중요도와 난이도 등을 감안해 구성원들을 평가해야 할 것입니다. 당연히 목표의 난이도에 따라 달성도의 차이가 날 것입니다. 어떤 구성원은 저성과자 내지 보통성과자로 인정받은 덕분에 낮은 목표 수준과 난이도 낮은 업무를 부여받아서 달성도가 높을 것입니다. 반면에 또 어떤 구성원은 고성과자로 인정받은 까닭에 높은 목표 수준과 난이도 높은 업무를 부여받아 달성도가 낮을 수도 있을 것입니다. 고성과자에게 괜한 인정과 지지로

난이도 높은 도전적인 목표를 설정했다가 달성률이 미흡할 경우 리더는 어떤 평가등급을 주어야 할지 난감해질 것입니다.

≫ 성과관리와 관련된 이론/사례

1954년 피터 드러커에 의해 만들어진 MBO(Management By Objectives)에 이어 1974년 존 도어에 의해 인텔에서 창안되고 1999년 구글에 도입되어 2017년 도서 출간을 통해 우리나라에 본격적으로 알려진 OKR(Objectives + Key Results)이라는 성과관리제도가 있습니다. OKR은 MBO가 연도 말이 되면 그 누구라도 100점 만점을 무난히 받을 수 있는 수월한 목표를 설정해 왔기 때문에 실패했다고 비판합니다. 그러면서 **구성원들에게 실제 성공 확률이 60~70% 밖에 안되는 도전적인 목표를 설정하라고 합니다.** 혹시 실패하더라도 그 실패의 교훈을 자산으로 삼아 성장할 수 있다고 합니다. 실패한 그 구성원에 불이익을 주거나 비난하지 않으면서 구제해 주는 문화도 만들어야 한다고 합니다.

OKR은 보상과의 직접적 연계가 잘못된 부작용을 가져온다고도 말합니다. 당연히 금전적, 직접적 보상은 여러 부작용을 가지고 있습니다. 구성원을 오히려 수동적으로 만들고 구성원 간 위화감 등을 비롯한 여러 갈등도 초래합니다. 보상을 얻기 위해 달성이 쉬운 목표를 설정하려고 하는 것과 같은 문제점도 발생시킵니다. 하지만 OKR에 대해 앞서서 얘기했던 것처럼 "보통의 평범한 구성원들이 과연 상/벌과 상관없이 도전적인 목표를 알아서 잘 설정할까요?" 구성원 대부분은 유니세프와 같은 비영리조직에 근무하는 것이 아니며 그러므로 대부분의 구성원은 상(승진/인센티브/연봉)과 벌에 의해 움직일 것입니다.

OKR이 성공적으로 실행된 미국 실리콘밸리의 IT 스타트업 기업들의 평균 근속연수는 약 2.84년이라고 합니다. 이곳에 근무하고 있는 구성원들은 회사나 상사가 시키지 않아도 알아서 도전적인 목표를 설정합니다. 왜 그럴까요?

일단, 스톡옵션 때문입니다. 연봉보다 많은 인센티브를 받기 위해서 정말 과도한 목표를 설정해 놓고 이를 달성하기 위해 밤잠 안 자고 주말 안 쉬고 지독하게 일을 합니다. 주 52시간제도와 같은 것은 필요 없는 사람들입니다. 그다음 이유는 자신들이 달성한 목표, 창출해 낸 성과를 레퍼런스 삼아 현재 일하고 있는 기업보다 더 많은 연봉과 스톡옵션을 주는 곳으로 이직을 하려 하기 때문입니다. 이렇게 계속 더 좋은 곳, 좀 더 좋은 곳으로 이직을 시도하다 보니 평균 근속연수가 2.84년인 것입니다. 그렇기 때문에 구성원 스스로가 알아서 달성하기 어려운 도전적인 목표를 설정하는 것입니다.

그렇다면 우리나라 기업의 구성원들 대부분이 처한 상황은 어떨까요? 근속연수는 몇 년일까요? 근속연수는 둘째 치고 세상이 바뀌었음에도 불구하고 여전히 평생직장, 정년이 있는 직장을 원하는 청년들이 많습니다. 이런 상황, 이런 분위기 속에서 전직을 위한 레퍼런스 축적과 같은 스스로 알아서 도전적인 목표를 설정할 만한 동기가 생길 수 있을까요? 그런 동기 없이 회사에서 상사가 도전적인 목표를 설정하라고 하면 도전적인 목표는 자동으로 설정되는 것일까요?

도전적인 목표는 그냥 설정되는 것이 아닙니다. 그 기업의 성숙된 문화가 전제되어야 합니다. 실리콘 밸리에서 일하는 사람들의 경우처럼 구성원이 도전적인 목표를 설정할 만한 마땅한 동기도 있어야 합니다. 중요하지 않고 쉬운 일을 수행하는 구성원 대비, 전략적으로 중요하고 난이도 높은 일을 수행하는 구성원에게는 그에 비례한 유익이 제공되어야 합니다. 실패하더라도 중요하지 않고 쉬운 일을 수행하는 구성원과 비교해 더 높은 평가등급과 보상이 주어진다는 약속이 전제되어야 하고 그 약속이 체결되어야 할 것입니다. 이러한 약속에 대한 믿음이 축적되어야 도전적인 목표를 설정하는 기업문화가 기어코 만들어질 것입니다.

  이러한 문화가 형성되어 있지 않은 기업에서 아무런 맥락과 보상 및 성장 기회에 대한 약속 없이 고성과자에게 난이도가 높고 중요한 일로 목표로 설정하라고 하면 구성원들은 잘 움직이지 않을 것입니다. 낮은 수준의 목표를 설정해 목표 달성률 100%를 쉽게 달성하는 저성과자에 비해 평가등급을 받는 데에 있어 불리할 것을 알기 때문입니다.

리더의 피드백 포인트 및 조치사항

업무의 중요도와 난이도에 따라 각각 다르게 평가등급을 주는 것, 이것이야말로 공정하게 평가하는 것입니다. 반면에 업무의 중요도와 난이도, 구성원의 보유 역량을 감안하지 않고 최종 결과물인 달성도만을 가지고 기계적으로 평가하는 것, 이것은 1/n 방식으로 공평하게 평가하는 것입니다. 리더는 공평성보다는 공정성에 의해 평가를 해야 합니다.

【1】연차(= 보유 역량) 및 직급별 가중치를 적용하는 방법

구성원별로 얼마만큼의 역량을 보유하고 있고 보유 역량에 대해 어떻게 개발하고 있는지에 대해서는 일반적으로 업적평가 외에 역량평가를 별도로 측정합니다(성과평가는 가장 일반적으로 업적평가와 역량평가로 구성되지만 대기업 일부와 외국계 기업을 중심으로 역량평가를 제외하고 업적평가로만 성과평가를 실시하기도 합니다.). 따라서 여기서는 완전히 똑같지는 않지만 보유 역량을 대신해 연차 또는 직급을 기준으로 가중치를 적용해 공정하게 평가하는 방법을 설명하고자 합니다.

L대기업의 지주회사에 근무했던 저자의 지인 팀장의 사례입니다. 어느 날 사원급 구성원으로부터 면담을 요청받았다 합니다. 면담을 통해 그 구성원이 어필한 내용은

"사원급인 자신이 100이라는 실적을 내었고, 선배인 선임급이 110이

라는 실적을 내고, 최고참 선배인 책임급이 120이라는 실적을 내어, 각각 사원은 B등급, 선임은 A등급, 책임은 S등급을 받게 되었는데 이것이 부당하다."

는 것이었습니다. (평가등급의 체계는 각 기업별로 상이합니다. L그룹은 가장 일반적인 형태인 S/A/B/C/D, S그룹은 EX/VG/GD/NI, 또 다른 S그룹과 H그룹은 O/E/M/N/U로 평가합니다. 여기서 EX는 EXcellent, VG는 Very Good, GD는 GooD, NI는 Need Improvement의 약자이며, O는 Outstanding, E는 Exceed expectation, M은 Meet expectation, N은 위와 동일하게 Need improvement, 마지막으로 U는 Unsatisfactory의 약자입니다.) 연차로 보면 사원은 2년 차, 선임은 5년 차, 책임은 10년 차이며 연봉으로 보면 사원은 5천만 원, 선임은 7천만 원, 책임은 1억 원이므로

"2년 차인 저보다 연차가 높은 선배들이 당연히 업무 경험도, 업무 노하우도, 일을 풀어가는 아이디어도 많을 터이니 같은 실적이어도 쉽게 달성한 것이며 연봉 역시 책임급 선배가 저에 비해 연봉이 2배이니 실제 제가 100이라는 실적을 냈을 때 책임은 200이라는 실적을 내어야 하는 것 아니냐?"

라는 사원의 계속된 주장이 틀린 말도 아닙니다.

이에 따라 저자의 지인 팀장은 선임과 책임의 일부 불만이 예상되었지만 직급별 가중치를 적용해 업적평가를 했다고 합니다. 아래의 표와

같이 과제 난이도가 A인 일을 할 때 사원급에게는 2.5를 곱하고, 선임급에는 2.0을 곱하고, 책임급에는 1.5를 곱해 실적을 따로 산출한 것입니다. 그 결과 총점에 변화가 발생합니다. 총점이 230이었던 사원급이 과제별 가중치를 따로 적용한 결과 총점이 400이 되며, 선임급은 250에서 340으로, 책임급은 270에서 277로 변화합니다. 즉, 업적이 가장 좋은 직원이 책임급에서 사원급으로 바뀌게 됩니다. 그 결과 평가등급 역시 사원급이 S를 책임급이 B를 거꾸로 받게 되는 것입니다.

아주 큰 기업의 경우에는 1명의 리더, 평정자가 평가해야 할 구성원, 피평정자의 숫자가 수십 명 이상인 경우가 있습니다. 이처럼 피평정자의 숫자가 많은 경우에는 책임급끼리, 선임급끼리, 사원급끼리 경쟁을 시켜 평가등급을 부여하고 있습니다. 따라서 이렇게 평가를 하는 경우에는 책임급 안에서 연차를 따로 구분하여 가중치를 부여하면 되겠습니다. 예를 들면, 10년 차 미만 책임급에게는 가중치를 2.5로 하고, 15년 차 미만에게는 2.0, 15년 이상에게는 1.5를 곱하는 방식으로 운영하도록 합니다.

【2】업무 난이도 및 중요도별 가중치를 적용하는 방법

기본급 비중이 크고 매년 업무성과에 따라 한 호봉씩 올라가면 연봉이 증가하는 호봉급과 비교해 직무급이 자주 거론됩니다. 언론매체의 보도에 의하면 대부분의 선진국들은 급여체계로 직무급을 선택하고 있는 반면에 호봉급을 채택하고 있는 나라는 우리나라와 일본 정도뿐이라고 합니다. 일본 역시 최근에 와서는 호봉급을 선택하고 있는 기업들이 오히려 소수라고도 합니다.

반면에 우리나라 기업들 대부분은 여전히 호봉제를 채택하고 있습니다. 그중 연봉제를 도입한 일부 기업 역시 한국형 연봉제여서 기본급이 여전히 존재하고, 그 비중이 크며, 일의 성과에 따라 받는 인센티브의 비중이 상대적으로 적습니다. 한마디로 굳이 승진을 하지 않아도 일을 열심히 해 인센티브를 받지 않아도 받아가는 연봉은 아주 큰 차이가 안 나는 상황입니다. 즉, 구성원이 일을 잘할 수 있게 하는 중요한 동기부여 수단인 '돈'이 조직 구성원들에게 그다지 크게 매력적으로 어필할 수 없게 하는 것이 호봉급입니다. 일을 잘하고 고성과를 창출하는 구성원에게 제대로 된 보상을 제대로 해 주지 못하는 것이 호봉급입니다.

반면에 직무급은 그 회사에서 해야 할 일들을 중요도와 난이도에 따라 서열화시켜 그 서열에 따라 임금을 지급하는 급여체계입니다. 입사년도, 연차, 호봉, 직급, 나이 등과 상관없이 어떤 일을 하느냐에 따라 급여를 지급 받습니다. 프로야구의 경우 투수들 중에서도 선발투수진의 평균 연봉이 가장 높을 것입니다. 그리고 그 다음은 구원투수진 정도일 것입니다. 그리고 마지막으로 한두 이닝만을 책임지는 중간계투진이

투수들 중 연봉 수준이 가장 낮을 것입니다. 고등학교를 막 졸업하고 입단을 한 19세 신인이어도 기량이 뛰어나 선발투수진에 든다면 연봉을 5억 원 받을 것입니다. 입단한 지가 20년이 된 39세 고참 투수이어도 이제 기량이 하락해 중간계투진 역할을 하고 있다면 연봉을 5천만 원 받을 것입니다. 이게 바로 직무급입니다. 하지만 현재의 호봉급은 아무리 능력과 실적이 뛰어나도 29세의 신입사원의 연봉이 49세의 부장급 사원의 연봉을 초과할 수 없는 상황입니다.

따라서 호봉급보다 직무급이 모든 면에서 더 합리적이며 구성원의 실적과 능력을 제대로 반영해 임금을 지급하는 급여체계입니다. 물론 실적과 능력과 상관없이 특정 구성원을 사내 정치적 이유로 탄압해 임금을 적게 주기 위해 서열이 낮은 직무급을 주는 경우와 같은 몇몇 부작용은 있다고 합니다.

위에서 언급한 저자의 지인 팀장은 본인이 담당하고 있는 팀에 이 직무급을 적용했다고 합니다. 회사가 제도적으로 직무급을 도입하기 이전에 본인이 성과관리 책에서 읽은 대로 외부에 나가 성과관리 교육을 받은 대로 누가 시키지도 않았는데 직무급을 도입한 것입니다. 먼저 자신이 담당하고 있는 팀의 주요 업무를 30여 개 정도 선정해, 업무 각각의 중요도/난이도/빈도 등을 고려해 1순위부터 30순위까지 서열화시킵니다. 그리고 그 서열에 따라 각각 가중치를 적용합니다. 다음의 표와 같이 사원급의 경우, 서열이 가장 높은 A업무는 가중치 2.5를 곱하고, 서열이 그 다음인 B업무에는 가중치 2.0을 곱하고, 서열이 가장 낮은 C업무에는 가중치 1.0을 곱하는 식입니다.

즉, 이렇게 되면 어려운 일이 아닌 쉬운 일을 해도 달성률이 100%만 되면 오히려 상위 평가등급을 받을 수 있었던 상황이 뒤바뀌게 됩니다. 중요하고 어려운 일에 곱해지는 가중치에 의해 같은 100%를 달성한다고 해도, 중요하지 않고 쉬운 일을 하는 경우에 비해 그 결과값이 지금보다 달라지는 것입니다.

다음의 표는 위에서 미리 설명한 직급별 가중치와 업무별 난이도에 따른 가중치를 적용해 그 결과값이 달라진 성과평가 사례입니다.

직급 및 업무(과제) 난이도별 가중치를 적용해 성과평가한 사례

	난이도 A 업적		난이도 B 업적		난이도 C 업적	
	새로운 가치 창출을 위해 기존에 하지 않았던 새로운 업무를 추진하고 성과를 냄		업무 진척의 장애물을 제거하고, 문제를 해결해 성과를 냄		일상적이고 기본적인 업무를 수행하면서 업무의 효율성을 높여 성과를 냄	
구분	사원		선임(대리)		책임(과/차/부장)	
과제 난이도	달성	가중치	달성	가중치	달성	가중치
A	60	×2.5	70	×2.0	80	×1.5
B	80	×2.0	80	×1.5	80	×1.0
C	90	×1.0	100	×0.8	110	×0.7
총점	230	400	250	340	270	277

출처 : 나는 (***) 팀장이다, p.151, 이재형 외 저

【3】 직급 및 업무(과제) 난이도별 가중치는 누가, 언제, 어떻게 정해야 하는가?

가중치는 게임의 규칙에 해당하는 중요한 요소입니다. 각 당의 대통령 후보 경선에 앞서 경선 규칙을 정하는 것과 같은 중요한 의사결정 사항입니다. 경선 규칙을 정하기 전에는 경선 후보자 진영별 유/불리가 있기 때문에 신경전, 감정싸움, 밀당 등을 합니다. 각자의 유/불리 사항을 최대한 좁히고 조율하기 위해 시간도 많이 소요됩니다. 결국에는 경선 후보자 진영별로 아주 조금의 유/불리는 어쩔 수 없겠지만 그래도 큰 틀에서 경선 규칙에 모두 다 동의를 해야 경선이 시작될 수 있습니다.

성과관리, 성과평가도 마찬가지입니다. 경선 규칙, 게임의 규칙에 해당하는 목표 달성 수준 및 가중치는 게임이 시작되기 전에 결정되어야 합니다. 연초에 목표 설정 시기에 결정되어야 합니다. 그리고 모든 이해 관계자, 즉 리더와 전 구성원의 참여 하에 논의하고 조정하고 합의되어야 합니다. 경선 규칙과 마찬가지로 모든 이해 관계자가 아주 조금의 유/불리는 어쩔 수 없겠지만 큰 틀에서 가중치 결정 내용에 모두 다 동의를 해야 한 해의 사업이 시작될 수 있습니다.

그러므로 연초에 바쁘다는 핑계로, 사업을 빨리 시작해야 한다는 이유로, 구성원 숫자가 많아 일일이 면담을 못한다는 사정을 얘기하며 목표 달성 수준 및 가중치를 경영진 또는 리더가 일방적인 Top-down의 형식으로 결정해서는 안되는 것입니다. 어렵고 힘들고 시간이 많이 소요되어도 연초부터 전체 이해 관계자가 충분히 논의하고 조정하고 합의하고 동의해야 연말에 이르러 성과평가를 할 때 그 평가 결과에 대한 구성원의 수용성 정도가 높아지는 것입니다. 당연한 진리이지만 평가 결과에 대한 수용성 제고 역시도 연도 말이 되어서 하는 몇몇 간단한 이벤트로는 이루어지지 않습니다.

즉, 직급 및 업무(과제) 난이도별 가중치는 리더와 전 구성원 참여 하에 연초에 결정되어야 합니다. 직급별 가중치에 대해 가장 불리해지는 책임급이 먼저 "과거보다는 훨씬 불리하지만, 그래도 이 정도면 할 만하겠습니다."하고 선임급도 사원급도 동의하고 만족한다고 해야 직급별 가중치가 본격적으로 작동을 개시하는 것입니다.

그리고 업무(과제) 난이도별 가중치는 아래 그림과 같은 Tool을 가지고 결정할 수 있습니다. 먼저 리더와 전 구성원이 참여하는 목표 설정 워크숍을 개최하고 다음의 표와 같은 양식을 전지에 그립니다. 다음으로는 포스트잇에 구성원 각자의 성과목표 이름을 펜을 이용해 기재합니다. 그리고 이 성과목표 이름이 기재되어 있는 포스트잇을 먼저 그린 양식의 전략적 중요도 및 난이도를 감안하여 적절한 위치에 포지셔닝합니다. 즉, 다음 그림의 1번 위치에 성과목표가 포지셔닝 되었다면 그

것은 중요도도 가장 높고 난이도도 가장 높다는 의미입니다. 4번 위치에 포지셔닝 되었다면 그것의 중요도는 여전히 가장 높은데 난이도는 중간 정도라는 의미입니다. 결과적으로 성과목표로 설정이 되려면 회색으로 바탕이 칠해져 있는 우측 상단 영역에 포지셔닝 되어야 합니다.

업무의 중요도와 난이도 결정 Tool

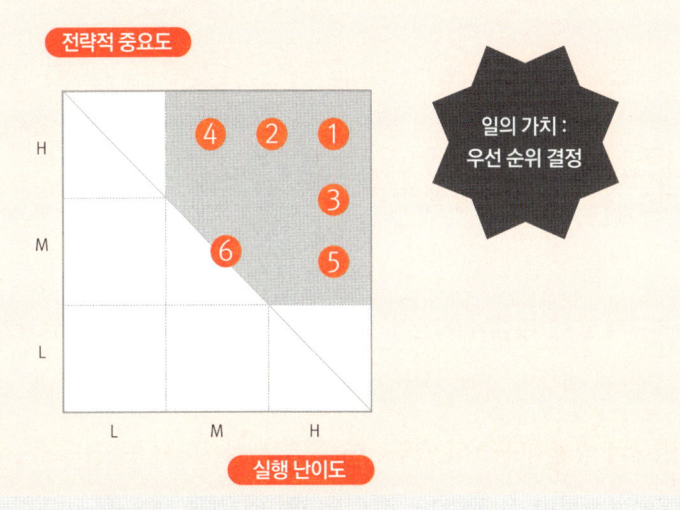

물론 "각각의 성과목표의 전략적 중요도가 어느 정도인지? 난이도가 어느 정도인지?" 역시 리더 또는 어느 개인이 단독으로 일방적으로 정하는 것이 아니라, 전 이해 관계자 참여 하에 충분히 논의하고 조정하면서 포지셔닝 하는 것입니다. 그러지 않는다면 이러한 과정은 의미와 가치가 없어질 것입니다.

Q17

PART II 구성원 모두의 최적 만족을 위한 공정성/수용성 확보방법

승진 대상자에 대해서는 어떻게 평가를 해야 할까요?

 **질문의 상황 맥락**

실제 승진 대상자가 업적 결과도 좋고 이에 따라 S등급을 당연하게 받게 되는 상황이라면 이런 질문이 안 나왔을 것입니다. 이 반대의 상황이 문제일 것입니다. 승진 대상자여서 S등급 또는 최소한 A등급이라도 주어야 하는 상황인데 실제 성과가 그렇지 못해서 리더가 딜레마에 빠지고 고민을 하게 되는 것입니다.

"S등급을 주어서는 안되는 상황이고, S등급을 주고 싶지도 않은데 S등급을 주어야 하나?

하는 내적 고민이 리더에게 있습니다. 그러면서, 주변에 자문을 구합니다. "어떻게 해야 하느냐?"고 그러면서 내심 "원칙대로 처

리해라.", "업적 결과가 나온 그대로 평가등급을 주어라."라는 답을 기대하기도 할 것입니다.

》 성과관리와 관련된 이론/사례

이 문제야말로 조직문화와의 연결성이 가장 크다고 볼 수 있습니다. 실질적 주인이 없는 공공부문일수록 호봉제에 기반한 연공서열에 의해 승진 순위가 결정이 되기에 성과평가 결과는 상대적으로 중요하지 않습니다. 실질적 업적 결과보다는 승진 대상자인 입사 선배, 고참 등에게 성과평가 상위 등급을 몰아주는 관행이 아직도 존재합니다. 그러지 않고 이런 관행을 거부하며 나는 누가 뭐라 해도 업적 결과가 나온 그대로 신입사원이어도 상위 등급을 주겠다고 선언을 하는 리더들도 있기는 합니다. 하지만 그 결과 우리 부서에 당연히 나와야 할 승진자가 안 나올 뿐만 아니라, 우리 부서 전체 구성원들의 승진이 다른 부서 대비 한 해씩 늦어지는 결과가 초래될 수 있습니다. 이 경우에 모든 잘못은 그러한 결정을 내린 리더에게 돌아옵니다. 승진자를 배출할 수도 있었는데 쓸데없는 원칙을 지키다가 승진자를 한 명도 배출해 내지 못한 무능한 리더로 평가 받습니다. 뒷담화의 대상이 되며 눈총을 받고 구성원들로부터 신뢰받지 못하는 실패한 리더로 낙인찍힙니다.

이게 공공부문의 조직문화일 수 있습니다. 아니, 어쩌면 공공부문뿐만 아니라 민간의 영역인 대기업에 이르기까지 만연되어 있는 우리의 고유문화일 수도 있습니다. 리더 역시 이런 문화 속에 있다면 연공서열에 기반한 성과평가를 내리는 것도 현실적인 처신일 수는 있습니다. 하지만, 현실이 이러하니 이런 관행대로 평가를 하고 평가등급을 주라고 추천할 수는 없습니다.

리더의 피드백 포인트 및 조치사항

【1】조직의 자원을 임의대로 낭비해서는 안됩니다.

성과관리/성과평가는 말 그대로 연중 지속적, 상시적 성과 촉진 활동을 통해 달성된 성과의 총량을 연도 말이 되어 개개인별로 확인하는 행위입니다. "누구한테 상위 평가등급을 주고, 또 누구한테는 하위 평가등급을 주고, 그래서 또 누구를 승진시켜야 하는지?"에 대해 고민을 하는 것이 성과관리/성과평가의 근원적 활동은 아닙니다. 조직은 오로지 달성된 성과의 총량에만 관심이 있습니다. 그리고 그다음 활동으로 조직은 달성된 총량에 대한 기여도를 평가해 내년도에도 더 열심히 성과를 창출하라고 동기부여 차원에서 보상을 합니다. 그리고 "누구에게 인센티브를 얼마나 더 주고, 덜 줄 것인지? 누구를 남들보다 더 빨리 승진시킬 것인지? 누구에게 퇴출이 될 수도 있다고 경고를 할 것인지?"를 결정할 때 필요한 것이 평가등급입니다. 즉, 조직의 관점으로 보면 '성과 확인 → 개인별 평가등급 부여 → 평가등급에 따른 보상(인센티브, 승진 등)' 순으로 우선순위를 가져갑니다. 연역적이라고 할 수 있습니다.

반면, **평가자인 리더는 조직의 관점과는 아주 다릅니다.** 먼저 승진 임박자를 분류합니다. 아울러 최대한 많은 사람에게 인센티브가 골고루 돌아갈 수 있도록 묘안을 짜냅니다. 그리고 이에 따라 개인별 평가등급을 부여하는 것이 아니라, 배분합니다. 끝으로 그 사람의 한 해 성과 달성 정도를 확인합니다. 그러다가 승진 대상자임에도 불구하고, 고참임에도 불구하고 성과가 낮다면 고민을 하기는 합니다. 패널티 부여 차원에서 평가등급을 내릴까 말까 하다가 웬만하면 연공서열대로 평가등급을 부여합니다. 바로 이게 능력과 성과가 아닌 연공서열식 성과관리 제도인 것입니다. 즉, 평가자인 리더는 조직과는 반대로 '누구를 승진시키고 누구에게 인센티브를 얼마만큼 분배해야 하는지 확인 → 개인별 평가등급을 거꾸로 이에 끼워 맞춤 → 성과 달성 수준 확인' 순으로 성과관리를 합니다. 연역적이 아니라 귀납적입니다. 결론과 결과를 정해 놓고 평가등급을 정하고 성과를 확인하는 잘못된 관행입니다. 더욱더 문제인 것은 이러한 잘못된 관행에 대해 뭐가 문제인지도 모른다는 것입니다. 문제에 대한 인식이 먼저이고, 그다음에 원인을 분석하고 해결 대안을 마련해야 하는데 인식부터가 잘못되어 있습니다.

오너(owner)가 있는 조직이고 오너가 현장의 리더들이 조직의 관점이 아닌 개인의 관점에서 욕을 덜 먹기 위해, 불만을 사지 않기 위해 이렇게 귀납적으로 끼워 맞추어 가면 평가를 하고 평가등급을 주고 있다는 사실을 있는 그대로 적나라하게 알게 된다면 어떠한 반응일까요? 아마도 엄청난 실망과 배신감을 느낄 것입니다. 실무자도 아닌 리더가 조직의 관점에서 생각하지도 판단하지도 않고 개인의 관점으로만 일을 하며 조직의 자원을 낭비한다면 화가 안 날 수 없을 것입니다. 이 책을 읽은 독자 여러분 역시 역지사지(易地思之)의 마음으로 '내가 오너라면…' 어떨까요? 내가 믿었기 때문에 리더로 임명하고 평가 역시도 일임해 맡겼는데 그 믿었던 리더가 조직의 자원을 자신의 이해관계에 따라 자의적으로 낭비하고 있다면 어떤 생각을 하게 될까요? 그 이해관계라는 것도 조직의 관점에서는 대단한 것도 아닌 것이 구성원들에게 불만 안 사려고, 욕 안 먹으려고 하는 것입니다.

물론, 한국 사회에서의 '관계(relation)' 역시 중요하게 다루어져야 할 가치이기는 합니다. 미국과는 달리 한국 기업 조직의 리더들은 평가권은 가지고 있지만 fire(해고) 권한을 가지고 있지 않습니다. 그래서 아무리 일을 못하는 구성원이어도 최하위 평가등급을 줄 수 있을 뿐 또다시 머리를 맞대고 같이 일을 해야 합니다. 즉, 일을 잘하나 못하나 계속 같이 봐야 하는 관계인 것입니다. 그래서 구성원들과의 접점에서 같이 일하는 현장의 리더들은 이러한 관계를 해치지 않기 위해 관계를 해치지 않는 범위 내에서 평가등급을 안분하려고 하는 것입니다. 한편으로 이해가 안되는 것도 아닙니다. 구성원들의 암묵적 지지 하에 평가등급을 돌려막기하고 있습니다. 승진 대상자에게 상위 평가등급을 몰아주고 승진 대상자가 승진한 이후에는 그 아래 후배 승진 대상자에게 상위 평가등급을 주기 위해 전년도에 주었던 평가등급을 회수합니다. 저자가 출강 나간 회사에서 이러한 경향을 통계 처리한 그래프를 본 적이 있었는데, 승진하기 전 평가등급이 높아졌다가, 승진 이후에는 가파르게 낮아지는 모습이었습니다. 평가등급만 놓고 보면, 계속 일을 잘했던 구성원인데, 승진 이후에는 마음이 풀어졌는지 성과가 폭락했다는 말인데, 이런 일은 아마도 실제 없을 것입니다. 평가자의 '돌려막기', '나눠주기' 평가등급 배분이지만, 이렇게 해야 구성원들도 이해하고 분배된 평가등급을 수용하니 이러고 있습니다.

평가자의 '보상 심리'도 문제입니다. 보상 심리에 대해 다시 한번 더 설명합니다. 공정하게 판정을 내려야 할 프로스포츠의 심판들인 프로야구의 심판 역시도 인간인지라 경기 초반 볼이 분명함에도 불구하고 스트라이크 콜을 주어 삼진 아웃된 타자에 대한 미안함을 보상하기 위해, 경기 후반 거꾸로 스크라이크가 분명한데 일부러 볼이라고 콜을 주어 볼넷으로 진루하게 만든다고 합니다. 이러니 사람 심판을 못 믿어, 비디오 판독(VAR), 호크 아이(테니스의 기계식 볼 판정 도구) 등이 나오는 것 같습니다. 야구심판도 마찬가지로 평가자 역시 '보상 심리'를 가지고 있습니다. 아슬아슬하게 상위 평가등급을 못 준 구성원에게, 속된 말로 한 끗 차이로 승진을 못한 구성원에게 미안함만 표시하면 될 텐데 쓸데없는 말을 합니다. "이번에는 미안했고 내년도에는 내가 꼭 S등급을… 내가 꼭 승진을…" 이렇게 보상 심리에 의해 의도하지 않게 내뱉은 말 때문에 1년 뒤 평가가 또 뒤죽박죽됩니다. 그러지 않아도 뒤죽박죽인데 중요 변수가 몇 개 더 추가되는 것입니다. 내년도 평가는 내가 만든 이 변수들 때문에 더 힘들어지고 왜곡이 될 것입니다.

조직의 자원을 내 임의대로 낭비하면 안됩니다. 나 역시 조직 구성원 중 한 명입니다. 우리가 모두 사용해야 할 공유자원을 내 관계를 해치지 않기 위해 함부로 사용해서는 안됩니다. 최종 평가등급 부여는 철저히 조직의 관점에서 연역적으로 '성과 확인 → 개인별 평가등급 부여 → 평가등급에 따른 보상(인센티브, 승진 등)' 순으로 이루어져야 합니다.

【2】동기부여를 가로막고 태만과 무임승차를 불러와서는 안됩니다.

승진 대상자라고 성과와 상관없이 상위 평가등급을 주는 관행이 계속되면 승진 대상자가 아닌 경우 열심히 일할 동기부여를 느끼지 못합니다. 아울러 승진 대상자는 열심히 일 안 해도 상위 평가등급을 받을 것이니 굳이 열심히 일할 필요가 없어집니다. 승진 대상자의 동기부여를 가로막고 승진 대상자가 아닌 구성원을 태만하게 만들고 무임승차자로 만드는 데 리더가 가장 큰 역할을 하는 것입니다. 그리고 이러한 크고 작은 것들이 또 쌓이고 쌓여 조직문화가 됩니다. 즉, 이러한 문화, 관행으로 만들어진 것이 연공서열식 성과평가/승진제도입니다. 이러한 연공서열식 성과평가/승진제도가 만들어진 것에 대해 리더의 책임이 없다고 할 수는 없는 것입니다. 물론 리더 개인의 책임 외에 우리나라 고유의 전통문화인 시니어리티(seniority), 즉 나이 많은 연장자, 직급과 호봉이 높은 사람, 입사 년차가 오래된 사람에 대한 예우와 고려가 더 큰 문제이기는 합니다.

하지만 언제까지 이런 문화적 환경만을 탓할 수는 없습니다. 승진 대상자에게 욕을 안 먹고 불만을 사지 않기 위해 평가등급을 왜곡 또는 조정할 것인지? 아니면, 사전적으로 성과평가의 원칙과 승진 대상자에 대한 평가등급 부여 기준을 공유해 알리고 결과가 나온 그대로, 있는 그대로 평가를 할 것인지? 그래서 우리의 잘못된 평가문화마저도 개선할 것인지? 실무자가 아닌 리더라면 더 멀리 내다보면서 조직의 관점에서 큰 틀을 생각하며 판단하고 행동해야 할 것입니다. 4층짜리 건물이 있다고 하면 계단 또는 엘리베이터 없이 그냥 올라갈 방법은 없습니다. 계단을 하나하나 놓아가면 2층, 3층, 4층으로 올라가는 것처럼 조직의 좋은 문화 역시 한번에 단숨에 만들어지는 것이 아닙니다. 계단 하나를 놓아 조직에 기여한다는 심정으로 승진 대상자의 평가에 신중을 기하기를 바랍니다.

자율적이지 않은 강제적이고 통제적인 방법이기는 하지만 저자가 출강을 나갔던 어느 기업의 경우에는 평가자별로 승진 대상자와 승진 대상자가 아닌 구성원에 대해 각각 승진 전과 승진 임박 시기, 승진 후 어떻게 평가하는지의 경향성을 통계화하고 있었습니다. 그리고 통계화한 평균 범주를 벗어나는 리더, 평가자에게는 인사부서에서 경고하고 재작성을 권고하고 있었습니다. 하지만, 한 기업의 성과관리/성과평가 시스템이 너무 정교하고 잘 짜여 있으면, 그리고 인사부서에서 관리/통제를 많이 하면 할수록 리더와 구성원들은 시스템과 인사부서에 대한 의존성이 강해집니다. 의존성이 강해져 시키는 일만 하지 그 외의 일에 대해서는 스스로 알아서 창의적이고 혁신적인 아이디어를 내보려고 하지 않습니다. 이러한 상황은 시스템/인사부서-리더 간의 관계뿐만 아니라, 리더-구성원 간 관계에도 마찬가지로 적용될 것입니다. 리더가 간섭하고 통제를 많이 하면 할수록 구성원들은 자율성을 잃고 의존만 하려 하며 스스로 생각해서 일을 하지 않으려 할 것입니다. 그래서 모든 경우에 과유불급(過猶不及)인 것 같습니다.

Q18

PART II 구성원 모두의 최적 만족을 위한 공정성/수용성 확보방법

정성적 성격이 분명한데도 위에서는 모든 성과지표를 정량지표화시켜 목표로 설정하라고 합니다. 이게 가능한 일인가요? 그리고 이게 과연 옳은 방법인가요? 또 '옳은 방법이냐, 아니냐'를 떠나서 이게 가능한 일인가요?

 ≫ 질문의 상황 맥락

기업의 특성상 정량지표의 비중이 높기는 하지만 정성지표를 병행해 성과지표를 관리하는 곳도 있고 그와는 다르게 정성지표를 일체 허용하지 않으며 정량지표 중심으로 성과지표를 운용하는 곳도 있습니다. 이번 질문은 후자에 해당하는 기업의 사례입니다. 하지만 결론부터 말하자면 이렇게 모든 성과지표를 정량지표화시키는 방법은 바람직하지도 않고 가능하지도 않은 일입니다. 오히려 부작용과 부정적 결과만을 가져올 수 있습니다.

〉〉 성과관리와 관련된 이론/사례

성과지표는 크게 업무의 질을 평가하는 정성지표와 업무의 양을 평가하는 정량지표로 구분됩니다. 혹자는 경영학의 구루인 피터 드러커의 "측정할 수 없는 것은 아무것도 아니다."라는 명언을 빌어 측정 가능해야 관리 가능할 수 있고 관리 가능해야 성장시킬 수 있다고 하고 정량지표를 중시합니다. 물론 맞는 말입니다. 하지만 그럼에도 불구하고 정성지표의 불필요한 정량지표화는 많은 문제점과 부작용을 낳습니다.

교육의 효과를 측정하는 지표로 흔히들 '교육 만족도 조사'라는 것을 합니다. 투입되는 교육훈련비용 대비 산출되는 교육의 효과를 실제 측정해야 하는데 이게 거의 불가능한 상황이라 억지로 교육의 효과를 측정하는 지표를 정량지표화시켜 만든 간접적 평가지표가 '교육 만족도'입니다. 하지만 이 '교육 만족도'가 교육의 효과를 측정하는 지표로서 맞느냐 틀리냐를 차치하고서라도 '교육 만족도' 지표가 스스로 가지는 문제점이 적지 않습니다.

많은 기업의 교육 담당자들이 오래전부터 전해 들은 것처럼 '교육 만족도 조사'='Happiness sheet'라는 자조와 자기 비하도 있습니다.

"어떤 교육 효과를 창출했느냐?"가 아니라, "강의를 담당한 강사가 얼마나 웃겼느냐?", "얼마나 재미있게 강의했느냐?", "교육과정 전체를 준비한 교육담당자가 얼마나 양질의 간식을 준비했느냐?", "식당 밥은 맛있었느냐?", "숙소는 호텔처럼 좋았느냐?"

가 조사되고 있습니다. 그리고 그러한 조사 역시 교육 참석자들을 대상으로 교육 참석자들의 주관적 느낌/소감 등을 묻는 것이니 아무리 평균화시켜 점수를 낸다고 해도 정성지표가 아닌 정량지표라고 하기에는 무리가 있습니다.

S전자의 강의를 하면서 교육에 참여한 학습자 리더로부터 들은 얘기입니다. 자신은 R & D 파트를 담당하고 있고 과제의 특성상 3년 정도는 지나야 결과물이 나오게 되어 있는데 다른 구성원과의 형평성 때문에 예외 없이 연단위로 평가를 받는 MBO과제로 억지로 잡히다 보니 힘들다는 것이었습니다. 또한 R & D과제라 비교 대상도 없고 성격상 완벽히 정성지표인데 정성지표를 올리면 위에서 싫어하는 관계로 정성지표를 정량지표화시켜 놓았다는 것입니다. 그래서 만든 정량지표가 1년 차 연도 말 목표-관련 리포트 등록 건수 1건, 2년 차 연도 말 목표-관련 리포트 등록 건수 2건이라고 하였습니다. 당시에 이 사례에 대해 필자는 두 가지

문제점을 지적하였습니다.

첫 번째 문제점입니다. MBO과제는 기본적으로 1년 12개월을 한 단위 사이클로 합니다. 그렇기 때문에 올해 일을 했다고 한다면 올해가 가기 전에 그 결과를 산출할 수 있어야 하고 그 산출물에 대한 평가 결과까지도 확인할 수 있어야 합니다. 그런데 R & D과제는 1년이 아닌 2, 3년 정도는 경과가 되어야 결과물이 나온다고 합니다. 즉, 이러한 R & D과제를 MBO과제로 억지로 설정해서는 안되는 것입니다. 정말 우리 회사에서 전략적으로 중요한 과제라고 한다면 MBO과제로 잡지 말고 별도로 관리해도 되는 것입니다.

두 번째 문제점입니다. 지나치게 정량지표화하다 보니 리포트 등록 1건, 2건이라는 정량지표의 목표 달성 수준이 설정되었습니다. 리포트를 1건, 2건만 등록하면 되다 보니 리포트의 내용, quality에 대한 평가가 없습니다. 리포트의 분량에 대한 제한도 없다면, 연도 말이 되어 1, 2쪽짜리 리포트를 급하게 작성해 올려놓기만 하면 되는 것입니다.

즉, 모든 지표를 측정하고 평가하기에 용이한 정량지표로 만들면 좋겠지만 정성적 측정을 하는데 굳이 무리하게 정량지표를 쓸 필요는 없는 것이며 그 반대도 마찬가지입니다. 흔히들 정량지표를 선호하며 정성지표를 최소화하고 배타적으로 보기도 하는데 바람직하지만은 않은 경향입니다. 오히려 정량지표는 숫자로 정해놓은 것이기에 그 누구라도 관리하기 용이해 보여, 역설적으로 연도 중 과정 관리 없이 연말 결과 관리만 잘하면 된다는 안이함의 함정에 빠지기도 합니다. 또한 정량지표는 달성이 쉬운 수치를 인사부서 및 다른 부서 모르게 얼렁뚱땅 설정해 놓고 조기 달성한 다음 쉬어가는 지표로 취급되기도 합니다.

리더의 피드백 포인트 및 조치사항

정성지표는 그 지표의 초과/달성/미달의 정도를 정의하기가 쉽지 않다는 큰 문제점을 가지고 있습니다. 하지만 오히려 정량지표는 수치로 명확히 정의가 이루어져 합의/공유하는 데 손쉽고, 관리도 용이할 것 같지만 역설적으로 그 반대로 관리가 쉽지 않을 수 있습니다. 팀장-구성원 간 목표와 목표 달성 수준에 대해 숫자로 정해 놓고 커뮤니케이션이 다 된 것으로 생각할 수 있겠지만, 오히려 수치 이외의 목표 의미와 목표 달성 수준에 대한 동상이몽으로 인해 커뮤니케이션 오류는 연중 진행형일 수 있습니다.

정성지표는 오히려 그 반대의 상황입니다. 목표의 의미와 목표 달성 수준에 대한 합의가 어려울 것 같지만 이 합의를 위해 팀장-구성원 간 여러 차례 많은 대화와 면담을 이어가면서 상호 간에 암묵적 consensus가 형성될 수 있습니다. 특히나 목표 달성의 수준인 초과/달성/미달의 정도를 여러 차례에 걸쳐 팀장이 묻고, 구성원들 각각이 생각하는 답을 스스로 개념화하고 찾아가는 과정에서 조정/합의/설정이 이루어지는 것입니다. 그리고 팀장은 이때 합의한 목표의 초과/달성/미달의 수준에 대한 개념 정의를 비롯하여 면담 과정 전체에 대한 기록을 잘 해두어야 합니다. 이것으로 연도 말 최종 평가면담도 해야 하기 때문입니다. 이게 평가 근거가 되어야 구성원의 평가 결과에 대한 수용성도 높아지고 납득하게 되고 성과관리, 성과평가에 대한 공정성도 확보되는 것입니다. 객관적인 평가가 현실적으로 존재하기는 힘들겠지만 존재한다면 평가의 기준, 근거가 사전에 구성원에게 알려지고 공유된 평가를 말합니다. 그러므로 정량지표가 아닌 정성지표를 부담스러워 할 필요가 없습니다. 오히려 팀장-구성원 간 대화/면담을 촉진하는 수단이 되기도 하고 잘만 합의된다면 평가도 용이해집니다. 그래서 고성과를 내는 팀장, 리더들은 정성지표를 잘 다루는 사람이기도 합니다.

Q19

PART II 구성원 모두의 최적 만족을 위한 공정성/수용성 확보방법

연초에 설정한 목표를 중간 평가면담 시 조정해 주어도 되는지요? 아울러 중간 평가면담은 연도 중 몇 번 정도 해야 적절한지요?

 >> 질문의 상황 맥락

Q19는 2개의 작은 질문으로 이루어져 있습니다. 첫 번째 작은 질문의 뉘앙스는 리더 입장에서 "나 역시도 연초에 설정한 구성원의 목표에 대해 확신이 없기 때문에 조정해 주고 싶다."는 것입니다. 마음이 약해지고 있습니다.

두 번째 작은 질문은 리더의 필요에 의해 면담을 진행 본 적도 없고 면담을 왜 해야 하는지 그 필요성에 대해서도 인식을 제대로 하지 못하는 리더의 경우입니다. 이런 리더일수록 성과관리제도와 시스템이 시키는 대로만 성과관리를 하고 있기 때문에 "몇 번 정도 면담을 하면 괜찮은 것인지?" 성과관리 강사나 인사부서에

거꾸로 물어보는 것입니다. 이런 의존성을 탈피하지 않고 앞으로도 계속 시키는 대로만 성과관리를 한다면 리더가 왜 존재해야 할까요? 인사부서가 직접 개입해 성과관리를 하는 것이 더 나을 것입니다. 성과관리 강사나 컨설턴트, 인사부서는 큰 틀의 가이드라인만 제시하고 잘못하고 있는 것이 있을 때 중간중간 교정해 주는 역할만을 해야 합니다. 그 외의 나머지 성과관리 영역은 리더의 책임입니다. 리더 스스로 고민과 연구를 통해 자기만의 창의적인 성과관리 방법을 고안해 내야 합니다.

PT(personal training) 또는 한약 등의 약물을 통해 다이어트를 하는 분들이 많습니다. 저자 역시 60여 회 PT를 받은 바 있습니다. PT를 받을 때는 분명 살이 빠집니다. 하지만 지속적으로 PT를 받을 형편이 안된다면, 언젠가는 PT를 중단해야 합니다. 그렇게 되면 얼마 못 가 요요현상이 옵니다. 결국 체중은 원래대로 돌아옵니다. 아니, 원래보다 더 늘어납니다. 결국 PT 및 약물 복용이 아닌 나만의 체중 조절방법, 건강관리 방법을 찾아내야지 외부의 힘을 빌려서는 안된다는 교훈을 필자는 얻게 되었습니다. 지금도 어쩌다 다시 PT를 받을까 하는 생각을 하다가도, 분명 과거와 같은 현상이 반복될 것 같아 하지 않고 있습니다. 성과관리 역시 마찬가지입니다. 리더 스스로 성과관리 책을 읽고, 교육을 받고, 누군가에게 물어봐 가면서 나만의 방법을 만들어야 내 것이 되고 오래오래 지속됩니다. 효과도 더 있을 것입니다.

≫ 성과관리와 관련된 이론/사례

목표의 연도 중 조정과 관련해서는 다음의 그림으로 설명합니다. 목표는 다음과 같은 경우에 한해 최소한으로 조정을 해 주어야 하겠습니다.

목표 수정 가능/불가능 사례 및 목표 설정 매뉴얼 제작 시 포함되어야 할 내용

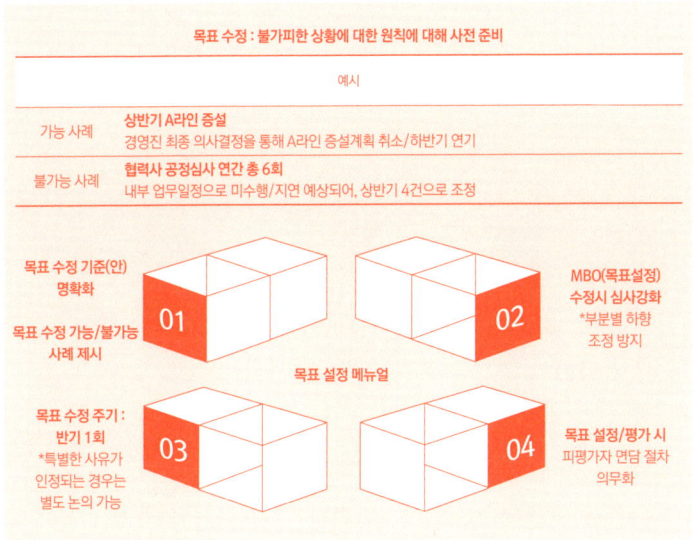

최근에는 면담의 시기, 방법, 논의 내용과 상관없이 다 아울러서 중간 평가면담을, 수시/상시 면담 또는 상시 코칭 및 피드백이라고 통칭하고 있기도 하며 'Plus Talk'라고 작명을 해 부르기도 합니다. 구성원의 질문과 직무수행 활동에 대해 리더가 자신의 의견을 Plus해서 Talk한다는 의미인 것입니다.

리더의 피드백 포인트 및 조치사항

【1】중간 평가면담은 목표를 조정해 주는 자리가 아닙니다.

'중간 평가면담은 연초에 설정해 둔 목표를 수정하는 자리이다!' 많은 구성원들이 이렇게 생각합니다. 그래서 최초 목표 설정을 대충합니다. 연말연시 너무도 바쁜 시기에 여러 차례의 면담을 진행하며 목표를 설정하기에는 시간도 촉박하고 머리도 아프기 때문입니다. 대충 설정해 일단 사업을 시작하고 중간 평가면담 때 제대로 된 것으로 수정하자는 생각을 합니다.

리더 역시도 비슷한 생각을 합니다. 그러면서 구성원들에게 쓸데없는 소리도 합니다.

"이거(목표 설정) 나중에 다시 수정해도 되니까, 일단 이 정도로 해놓고 나중에(중간 평가면담) 다시 보자."

이 한마디가 구성원들을 느슨하게 만들고, 면책도 시킵니다.

하지만 **목표는 정말 중요한 것입니다.** 전체 업무 비중을 놓고 본다면 목표 설정 단계가 70%에 해당할 만큼 중요하다고 생각합니다. 실행은 목표를 당연히 따라가게 되어 있습니다. 또한 성과 역시도 실행의 결과로 자연스럽게 따라옵니다. 그러므로 목표와 목표 설정은 제일 중요한 부분입니다. 이 단계에서 시간을 많이 쓰고, 자원을 많이 쓰고, 머리가 아프게 되는 것을 꺼려서는 안됩니다.

연초에 최초 목표 설정은 시간을 들여 제대로 하기 바랍니다. 그리고 그런 이후에는 목표 수정을 허용해서는 안됩니다. 한 번, 두 번 목표를 수정해 주기 시작하면 구성원 모두가 최초 목표 설정을 쉽게 생각할 것입니다. 물론 목표 달성을 위한 수단인 계획은 얼마든지 수정 가능합니다. 오히려 장려되고 권장되어야 합니다. 목표와 성과를 달성하기 위한 수단은 연도 중에 다양한 방법이 모색되어야 하기 때문입니다.

예외는 있습니다. 다음의 경우에만 최초 목표에 대한 수정이 가능합니다. 뜻하지 않은 외부환경 변화(전 세계적 전염병의 유행과 같은), 우리보다 상위 조직의 목표/전략 변경, 해당 목표를 수행하는 구성원의 업무분장 또는 전출의 경우입니다.

【2】리더의 필요에 의해 수시로 상시적으로 횟수와 상관없이 진행하는 것이 중간 평가면담입니다.

면담의 종류는 '최초 목표 설정면담', '수시/상시 면담', '중간 평가면담', '최종 평가면담 전 면담', '최종 평가면담'으로 구분됩니다. 이 중 수시/상시 면담, 중간 평가면담이 중간에 하는 면담입니다. 목표는 한번 설정해 두고 방치하는 것이 아니고, 면담 역시 처음과 끝에만 하는 것이 아닙니다. 그래서 중간 면담의 역할과 기능은 중요합니다. 그렇다면 각각의 중간 평가면담의 시기와 면담 내용은 각각 어떠해야 할까요? 살펴

보도록 하겠습니다.

먼저 '**수시/상시 면담**'입니다. 중간 평가면담이라고 하면 6월 말 ~ 7월 초 한 번 정도 하면 되는 것으로 잘못 알고 있을 것입니다. 많은 기업에서 인사 규정 내지 방침으로 정하고 있기 때문에 이 한 번은 많이들 하는 것 같습니다. 물론 형식적으로 서류상으로만 진행하는 경우도 아직 많을 것입니다. 제일 좋은 것은 매일매일 모든 구성원과 수시/상시 면담을 하는 것입니다. 하지만, 그게 현실적으로 여의치 않기 때문에 수시/상시 면담을 대신해 주간업무를 할 때나 결재와 보고를 받을 때 리더는 목표 추진상황에 대해 점검을 하는 것입니다. 이런 일상적인 주 단위 목표 추진상황 점검 활동 외에 추가하여 격월 정도로 전 구성원들을 대상으로 수시/상담 일정을 잡아 실행하기를 바랍니다.

다음으로는 말 그대로 '중간 평가면담'입니다. 반기를 결산하는 시점에 이루어지면 되겠습니다. 이때는 구성원의 목표 추진 중간 실적에 대해 점검해야 합니다. 실적이 부진하다면 그 해결책까지도 함께 모색해야 합니다. 물론 구성원의 반성문을 받고 일방적인 업무 지시를 내리고 강요하는 자리가 되어선 안됩니다. 실적 부진의 원인에 대해 구성원이 진단할 수 있는 자리가 되어야 하고 그 해결책까지 구성원이 모색하게 해야 합니다. 리더가 도와줄 수는 있지만 뭐가 되었건 간에 최종적으로는 구성원의 목소리, 구성원의 글로 해결책을 정리해야 합니다. 이때 리더는 구성원의 성찰을 끌어내는 질문을 잘하면 됩니다.

Q20

PART II 구성원 모두의 최적 만족을 위한 공정성/수용성 확보방법

담당하고 있는 팀 성과목표의 50% 이상 실적이 외부 요인에 의해 좌우됩니다. 이러한 상황 속에서 팀장은 어떠한 역할을 해야 하는지 난감합니다. 어떻게 해야 할까요?

>> 질문의 상황 맥락

강의 현장에서 ○○대학병원의 대외협력팀장과 외국계 △△반도체기업의 팀장에게 받았던 거의 동일한 맥락의 질문입니다. ○○대학병원의 대외협력팀의 주요 사업 중 하나가 저개발국가에 대한 의료봉사 활동이었는데, 코로나19라는 외부 요인으로 해외에 나가지를 못하니 관련된 실적이 "0"이라고 하면서 해결책을 물어보았습니다. 외국계 △△반도체기업의 해당 팀의 경우에는 위 질문의 내용처럼 팀의 성과목표 50% 이상이 외부 요인에 의해 그 실적이 좌우되는 상황 속에서 팀장이 어떠한 역할을 해야 하는지 해결책을 물어보았습니다.

≫ 성과관리와 관련된 이론/사례

성과목표(또는 지표)를 선정할 때와 성과목표에서 제외할 때의 착안 사항에 대해 다음의 표로 정리해 설명합니다. 먼저 **'성과목표를 선정할 때의 착안 사항'**입니다.

성과목표 선정 시 착안 사항

No.	항목	착안 사항	비고
1	업무 연관성	지표가 업무와 연관되어 있으며 업무 수행 효과를 측정하는가?	
2	통제 가능성	팀 업무권한의 범위 내에서 통제할 수 있는가?	
3	비교 가능성	지표의 측정 값이 과거 및 현재의 지표와 비교 가능한가?	통계 구축 가능성 : 추이 확인
4	명확성	지표가 명확히 정의되고 쉽게 이해되는가?	리더- 구성원 간 동상이몽?! : 중의적 해석 ×
5	인과관계	지표가 경영목표 달성에 대한 원인으로 볼 수 있는가?	원인 → 결과
6	적시성	지표가 업무 수행시기와 결과를 적시에 반영하는가? - 수행은 올해, 결과는 내후년?	매출액 또는 자재 재고량처럼 정보가 필요할 때 즉시 제공 가능

첫 번째, 성과목표를 선정할 때는 그 성과목표에 '업무 연관성'이 있어야 합니다. 즉, 어떤 구성원의 분장업무가 자동차 세일즈맨이어서 자동차를 판매하는 업무를 수행한다고 하면 너무나도 당연하게 그 자동차 세일즈맨의 성과목표는 자동자 판매 대수여야 할 것입니다. 즉, 업무 자체가 판매 행위이기 때문에 성과목표도 그 업무와 연관성이 가장 높은 판매 대수가 되어야 하는 것입니다.

두 번째는 '통제 가능성'입니다. 어떠한 일이 제대로 이루어지지 않았거나 성과목표의 달성률이 미달일 때 그 행위를 한 사람에게 일을 잘못한 책임을 물으려면 "그 일의 잘잘못이 그 행위를 한 사람의 통제 범위 안에 있는 것이었는지? 아니었는지?"를 먼저 확인해야 합니다. 그 사람이 열심히 일을 하면 성과목표를 달성할 수 있는 상황인지? 반대로 아무리 열심히 일을 해도 성과목표를 달성할 수 없는 상황인지? 어떤 상황인지를 먼저 확인하고 책임을 추궁하고 성과평가를 해야 하는 것입니다.

세 번째는 '비교 가능성'입니다. 신규 지표가 아닌 한 2019년 실적 100, 2020년 실적 110, 2021년 실적 120, 2022년 목표 130과 같이 실적과 목표가 어떻게 올라가고 있는지 그 추이가 확인 가능해야 합니다. 올해는 전년 대비 00% 성장을 목표로 설정하는지가 그 전년도와 비교해 확인 가능해야 합니다. 기업을 운영하는 데 있어서 통상 인건비를 포함한 여러 경비들은 전년 대비 10% 정도 상승합니다. 공무원들의 인건비 인상률을 기준으로 우리 기업 역시 이 인건비 표준 인상률에 가감해 인건비를 인상해야 합니다. 통상 3, 4% 정도 됩니다. 여기에 물가 상승률이 있습니다. 이 역시 3, 4% 정도 됩니다. 그리고 호봉제를 운영하는 기업의 경우에는 1년이 지났기 때문에 전 직원들의 호봉을 1호봉씩 상승시켜 주어야 합니다. 호봉 자동승급분이라고 하는데 이 역시도 3, 4% 정도의 인건비를 상승시킵니다. 즉, 이렇게 해서 매년 10% 전후의 경비가 상승하기 때문에 이를 감당하기 위해서라도 기업은 최소 10% 이상씩 성장해야 합니다. 따라서 기업의 구성원 역시 매년 최소 10% 이상씩 상회하는 목표를 설정하고 추진하고 달성해야 하는 것입니다. 이것은 특별한 것이 아니라 당연한 것입니다.

네 번째는 '명확성'입니다. 성과목표는 리더-구성원 간 중의적 해석이 발생하지 않도록 쉽고 구체적이고 명확하게 정의 내려야 합니다. 리더 세대의 소통방식과 구성원 세대의 소통방식 차이로 커뮤니케이션이 불완전하게 이루어지는 경우가 있습니다. 리더 세대, 리더 계층은 "요즘 젊은 친구들은 눈치, 코치도 없나? 그런 것까지 일일이 알려 주면서 일을 시켜야 하나? 이 정도 알려 주면 그 뒤로는 알아서 좀 해 주어야지."라고 생각하면서 두루뭉술하고 막연하게 성과목표와 업무에 대해 얘기하기도 합니다. 반면에 구성원 세대, 구성원 계층은 그 업무를 왜 해야 하는지의 배경과 리더의 기대 사항, 언제까지 해야 하는지의 기한까지를 포함한 구체적이고도 명확한 업무 지시를 기대합니다. 그래서 단순한 목표 공유가 아닌 맥락 공유가 필요하다는 얘기도 있습니다. 단순 목표가 아닌 그 성과목표와 관련된 맥락까지도 명확하게 있는 그대로 모두 전달하고 공유되어야 하겠습니다.

다섯 번째는 '인과관계'입니다. 그 어떤 성과목표이든 궁극적으로는 상위의 경영전략 및 더 상위의 비전, 미션과 정렬을 이루어야 합니다. 즉, 다시 말해 경영전략 달성에 기여해야 하고 더 나아가 그 기업의 재무적, 금전적 지표 달성이라는 결과에 영향이 미쳐야 합니다. 구성원 각각의 성과목표가 원인이 되어 최종적으로는 재무적, 금전적 성과목표라는 결과에 영향을 미쳐야 합니다. 원인과 결과의 인과관계가 있어야 합니다. 만일 어떤 성과목표가 있는데 그 원인과 결과의 인과관계가 없다고 확인이 된다면 그 성과목표는 잘못된 성과목표일 것입니다. 조직의 성과나 조직의 이익이 아닌 자신만의 사익을 추구하는 목표일 가능성이 큽니다. 자신은 1년 내내 즐겁게 일하는데 회사는 그만큼 성장하지는 못하는 경우입니다. 이런 상황이 없어야 하는데, 없을 것 같은데 의외로 주변에 많이 존재합니다. 더 문제는 이런 상황에 대한 인식조차도 제대로 되어 있지 않다는 것입니다. 잘 모르는 상태에서, 문제의식조차 없는 상태에서 이런 인과관계 없는 성과목표가 지금도 설정되고 있습니다.

여섯 번째는 '적시성'입니다. 성과관리제도의 대표격인 MBO는 기본 사이클을 1년(12개월)으로 가져갑니다. 물론 이것을 일부 변형하여 기본 사이클을 반기 6개월로 가져가는 기업도 다수 존재합니다. 반면에 구글에서 성공시킨 OKR이라는 성과관리제도는 기본 한 단위 사이클을 3개월로 가져갑니다. 그리고 이 3개월 역시 분기 단위로 꼭 1월 1일부터 3월 31일까지 경직되게 운영하는 것이 아니라, 프로젝트 단위로 3월 21일 시작해서 6월 20일까지 마무리하는 식으로 프로젝트별로 그 사이클을 각기 다르게 운용합니다.

여기서는 1년, 12개월을 기본 사이클로 하고 있는 MBO를 기준으로 다시 설명하겠습니다. MBO는 기본 사이클을 1년, 12개월로 하기 때문에 올해 일을 하면 올해 안에 결과까지 나오는 과제만을 목표로 잡아야 합니다. 만일 일은 올해 했는데 그 결과가 올해 이후에 몇 년 뒤에 나온다면 그러한 과제를 MBO의 성과목표로 잡으면 안됩니다. R & D과제의 경우 중장기적으로 일이 추진되다 보니 그 결과가 2, 3년 뒤에 나오기도 합니다. 그런데 이러한 중장기적 R & D과제를 1년, 12개월이 기본 사이클인 MBO과제로 잡는 경우가 있습니다. "당신 역시 MBO과제를 설정하는 데 예외일 수 없으니 그것밖에 없으면 그것이라도 성과목표로 잡으라."고 리더와 성과평가 담당 부서에서 압박을 가할 것입니다. 그래서 3년 차 말이 되어야 그 결과가 나오는데도 억지로 MBO과제로 설정이 됩니다. 그리고 1년 차 말의 목표, 2년 차 말의 목표도 억지로 잡힙니다. 1년 차 목표는 관련 리포트 등록 1건, 2년 차 목표는 관련 리포트 등록 2건으로, R & D과제는 정성적으로 평가하여야 하는 지표인데 졸지에 리포트 등록 1건, 2건과 같은 정량적인 지표가 설정됩니다. 그리고 이렇게 설정된 정량지표인 등록 건수 역시 연도 말이 되어 아무 리포트나 등록만 하면 되니까 그리 어렵지 않게 목표 달성률 100%가 됩니다. 쉽게 100점 만점이 됩니다. 리포트의 내용을 평가하지도 않고 그 리포트의 분량도 평가하지 않는다면 아무 리포트나 1, 2쪽짜리 리포트를 연말이 가기 전에 등록만 하면 되는 것입니다.

왜 이렇게 조직의 성장, 발전 그리고 성과 창출에 전혀 도움이 안되는 성과목표가 설정되고 구성원들은 간단한 활동만으로 만점을 받게 되었을까요? '스파르타쿠스'라는 미국 드라마가 있습니다. 오래전 상영된 영화도 있었습니다. 많이들 아시겠지만 로마제국 시대 탈출한 노예들이 로마제국에 대항해 반란을 일으킨 역사적 사실을 모티브로 만들어진 드라마입니다. 그 반란을 일으킨 노예들의 지도자 이름이 스파르타쿠스입니다. 이 노예들은 노예의 굴레에서 벗어나 자유인이 되기 위해 반란을 일으키지만 결국에는 진압이 됩니다. 이 드라마 속에서 "노력은 자유인의 특권이다."라는 대사가 나옵니다. 자유인은 스스로 설정한 인생의 목표, 조직의 목표를 스스로 달성하기 위해 시간과 노력을 투입하는 사람이며 반대로 노예는 목표도 누군가에 의해 설정당하고 그 목표를 달성하기 위한 시간과 노력 투입도 강제당하며 피동적으로 시키는 일만 하는 존재입니다. 로마제국 시대가 아닌 21세기 지금 현재 나는 '자유인'답게 일을 하고 있는지? 아니라면 그 시절 그 '노예들'처럼 일을 하는 것은 아닌지? 반문하고 성찰했으면 합니다. 내가 이 기업의 경영자, 소유자라면 과연 이러한 성과목표가 이렇게 설정되도록 방치하고 있을까요? 조직 성과에 전혀 도움이 되지 않는 목표, 연도 말이 되면 무난하게 100점 만점을 모두 다 득점하는 쉬운 목표, 정성지표가 명확한데, 형평을 맞추기 위해 억지로 정성지표를 정량지표화시켜 조직의 자원을 오히려 낭비하는 이런 목표들을 설정하면서 "올 한 해도 무난하게 쉬엄쉬엄 일을 할 수 있겠구나."하고 안도하는 구성원, 이러한 목표에 대한 문제의식 없이 관행적으로 원래 MBO는 이런 것이지 하는 구성원들은 정말 '자유인'이 아닌 '노예'처럼 살고 있는지도 모르겠습니다. 그래서 '회사 노예'라는 말도 있는 것 같습니다.

다음은 **'성과목표를 제외할 때의 착안 사항'입니다.** 물론 바로 위에서 설명한 '성과목표를 선정할 때의 착안 사항' 역시 이 선정 기준에 부합되지 않는 성과목표인 경우 제외하여야 하므로 성과목표를 '제외'할 때의 착안 사항과 '선정'할 때의 착안 사항이 기본

성과목표 제외 시 착안 사항

No.	항목	착안 사항	비고
1	당연 수행업무	업무수행을 위해 당연히 해야 하는 경우는 제외	문서 시행 건수
2	의미 없는 수치	지표가 무의미한 경우는 제외	예산 집행률
4	너무 쉬운 수치	지표 달성이 너무 쉬운 경우는 제외 (어차피 모두 다 만점)	연차휴가 소진율
5	단순실적 채우기 목표	성과보다는 단순히 목표량을 채우기 위해 사용되어질 수있는 업무는 제외 (어차피 모두 다 만점)	제안 건수 : 월 2회
6	부정적 결과	지표가 바람직하지 않은 결과를 가져오는 경우는 제외	30분당 콜 수 : 오히려 전화 친절도를 감소시킴

적으로는 다른 것은 아닙니다.

첫 번째, 성과목표를 설정할 때 '당연 수행업무'는 제외하여야 합니다. 업무를 수행하면서 당연히 발생하는 문서 시행 건수와 같은 것들이 성과목표로 잡혀서는 안되겠습니다. 문서의 생산량이 많다고 해서 일을 잘하는 것도 아닐 것이며 목표 달성이 성과 창출에 비례하지도 않을 것입니다. 또한 문서 시행 건수가 성과목표로 잡힌다면 연도 말이 되어 불필요한 문서라도 시행하면서 목표 수준을 맞출 것이니 정말 바보가 아닌 이상 이러한 목표 수준을 못 맞출 구성원과 부서는 없을 것입니다.

두 번째, 불필요한 '의미 없는 수치'가 성과목표로 잡혀서는 안 되겠습니다. 들은 얘기이지만 11월, 12월 즈음해서 시청 공무원들이 멀쩡한 보도블록을 파헤치는 이유는 배정받은 예산을 100% 다 소진하기 위함이라고 합니다. 배정받은 예산을 100% 다 소진하지 않으면 그만큼 예산이 삭감되어 내려오기 때문에 그렇게 하는 것이며, 예산을 100% 다 완벽하게 소진하기 위해 '예산 집행률'이라는 성과목표를 잡는 것입니다. 하지만, 이 지표 역시 연도 말이 되어 멀쩡한 보도블록을 파헤쳐 가면서라도 예산을 다 소진할 것이기 때문에 이러한 목표 수준을 못 맞출 구성원과 부서는 없을 것입니다.

세 번째, '너무 쉬운 수치'가 성과목표로 잡혀서도 안되겠습니다. '연차휴가 소진율'과 같은 지표가 성과목표로 설정이 된다면 별 노력 없이 그냥 휴가를 연중 안분해서 가면 될 것이며 연도 말이 되어서 미처 못 간 연차휴가가 있다면 성과목표를 맞추기 위해 휴가를 달고서라도 출근해 일을 하면 될 것이니 이 역시 이러한 목표 수준을 못 맞출 구성원과 부서는 없을 것입니다. 물론 큰 규모의 기업의 경우에는 주 52시간제 도입 이후 주 52시간 근무를 이미 다 한 경우 신분증 카드를 보안 게이트에 인식을 시켜도 문이 안 열리고 설사 사무실 안으로 들어온다고 하여도 PC off제도로 인해 PC가 켜지지 않는다고 하니, 휴가를 달고서는 사무실 출근도 안될 것이며, PC 사용도 할 수 없을 것입니다. 하지만 휴가를 달고 출근을 하는 방법 말고, 다른 방법을 써서라도 이 성과목표의 만점을 받는 것은 어려운 일이 아닐 것입니다.

네 번째, 어차피 모두 만점을 맞는 '단순 실적 채우기 목표'가 성과목표가 되어서는 안되겠습니다. 전 임직원에게 매월 제안 건수 2개를 요구하는 OO생명 영업소에서 근무할 때의 일입니다. 신입사원인 저자에게도 예외 없이 매월 제안을 2건 이상 하라는 업무 지시가 내려졌습니다. 저희 영업국, 영업소 및 저자의 실적 만점을 위해 매월 제안 2건을 하라는 것이었습니다. 입사한 지 몇 년 되어 무엇을 조금 안 다음이라면 모르겠는데, 아무것까지는 아니지만 회사 돌아가는 사정에 대해서 잘 모르는 신입사원에게까지 제안을 하라고 해서 매월 말 곤혹스러웠습니다. 하지만 매월 이 문제를 해결해 주었던 것은 저자의 옆자리에 앉아 있었던 여직원이었습니다. 남직원, 여직원 이런 식으로 구분하는 것이 요즘 방식은 아니지만 독자들의 이해를 돕기 위해 예전에 사용했던 사내 용어를 그대로 사용해 봅니다. 지금은 바뀌었는지 모르겠지만 그 당시 공식 호칭을 '내근 여사원'이라고 하는 분들이 있었습니다. 제 옆자리의 내근 여사원은 매월 말, "5~6년 전 즈음 다른 사원이 제안한 것인데, 용어만 조금 바꾸어서 제안을 올리면 아무도 모를 것이다."고 하며 토스해 주었고 이렇게 전달받은 제안 2건으로 저자는 실적을 해결했던 것입니다. 즉, 이것 역시 제안의 내용, 제안의 quality를 평가하지 않고 제안의 건수인 양만을 측정하다 보니 생기는 문제입니다. 이렇게 단순히 양만을 측정하는 단순 실적 채우기식 목표는 역시나 조직에 도움이 안됩니다. 조직에는 도움이 안되면서 개인은 또 무난하고도 쉽게 100점 만점을 받는 것입니다.

다섯 번째, '부정적 효과, 부정적 결과'를 가져오는 것으로 성과목표를 잡아서는 안된다는 것입니다. 콜센터의 상담원들에 대한 성과평가를, 다른 것도 아닌 30분당 콜 수로 하면 어떤 부정적 효과가 초래될까요? 성과목표는 별 것 아닌 것 같아도 일하는 사람들의 일하는 속도와 방향을 결정하는 중요한 변인입니다. 콜센터 상담원들은 30분당 전화를 많이 받기 위해 최대한 빨리 전화를 끊으려 할 것입니다. 그 결과 전화 친절도와 같은 더 중요한 성과지표 점수가 떨어질 것입니다. 2021년 8월 MBN 저녁 뉴스에 보도되었던 내용이 있었습니다. 정부 중앙부처 OOOO부 산하 13XX번 자살 예방 상담 전화에서 30분당 콜 수와 평균 상담시간을 성과평가 지표에 넣다 보니 상담원들이 30분 이상 통화하는 것을 관리자들이 체크해 제지한다는 내용이었습니다. 아울러 "끊어. 개 어차피 안 죽어."와 같은 말을 하면서 통화를 빨리 끊을 것을 종용했다고 합니다. 자살 예방 상담 전화의 설립 취지를 망각한 채 성과목표를 자살 예방 상담 전화의 상담 내용 quality나 자살 예방률과 같은 것으로 설정하지 않고, 단순 정량지표인 30분당 콜 수와 평균 상담시간으로 설정하다 보니 오히려 설립 취지와 일하는 이유에 대해 부정적 결과를 미치는 것입니다.

리더의 피드백 포인트 및 조치사항

○○대학병원의 대외협력팀장과 외국계 △△반도체기업의 팀장에게 받았던 질문으로 다시 돌아가 리더의 조치사항에 관해 설명하겠습니다. 성과목표(또는 지표)를 선정할 때의 착안 사항 중 두 번째는 '통제 가능성'에 대한 것이었습니다. 어떠한 일이 제대로 이루어지지 않았거나 성과목표의 달성률이 미달일 때, 그 행위를 한 사람에게 일을 잘못한 책임을 물으려면 "그 일의 잘잘못이 그 행위를 한 사람의 통제 범위 안에 있는 것이었는지? 아니었는지?"를 먼저 확인해야 한다고 설명하였습니다. 그 사람이 열심히 일을 하면 성과목표를 달성할 수 있는 상황인지? 반대로, 아무리 열심히 일을 해도 성과목표를 달성할 수 없는 상황인지? 어떤 상황인지를 먼저 확인한 다음, 성과평가를 해야 한다고 하였습니다.

즉, 리더인 내가 담당하고 있는 조직의 구성원 모두가 아무리 열심히 일을 해보려고 해도, 외부환경 요인에 의해 목표를 달성할 수 없는 경우가 분명하다면 목표에서 외부환경 요인에 차지하고 있는 비중만큼을 제외하여야 합니다. 본인의 상사와 성과평가지표를 담당하고 부서에 분명히 어필을 해야 합니다. 2020~2021년 코비드 19라는 특수한 사정으로 연초에 설정한 목표를 달성할 수 없는 상황이 되었다면 그 해만큼은 평가에서 제외해 줄 것을 상사와 담당 부서에 공식적으로 요청하여야 합니다.

  이러한 상황 하에서 리더가 조치를 취해야 할 행동은 성과관리 강사나 전문가에 문의할 필요가 없을 정도로 명확합니다. 다만 상사나 담당 부서에 의해 일을 제대로 해보지도 않고, 못하겠다고 핑계나 변명을 하는 사람으로는 찍히기 싫은 것입니다. 그래서 눈치를 보면서 상사와 담당 부서의 주변을 맴돌며 있지도 않은 다른 방법을 탐색하는 것입니다. 모든 상황이 리더가 성과관리 강사나 전문가에게 문의한 대로 분명하다면 상사나 성과관리 담당 부서를 충분히 설득할 수 있을 것입니다. 용기를 내기 바랍니다. 아울러 리더의 구성원들이 이 일이 어떻게 처리하는지를 지켜보고 있을 것이며 이 결과에 따라 리더의 리더십도 평가할 것입니다. 대외적인 관계를 어떻게 형성하며 외부의 자원을 어떻게 확보해 오느냐 역시 리더의 중요한 역할 중 하나입니다. 리더의 모든 행동은 리더가 담당하고 있는 조직과 그 조직의 구성원들을 위한 일입니다. 그리고 그 일의 잘잘못 역시 상시적으로 평가받고 있을 것입니다.

Q21

PART II 구성원 모두의 최적 만족을 위한 공정성/수용성 확보방법

제대로 된 성과평가를 위해서는 구성원이 어떤 상황에서 어떻게 일을 하고 있는지 관찰을 하고, 근거(evidence)를 남겨야 한다고 하는데, 어떠한 모습과 어떠한 항목을 기준으로 근거 기록을 남겨두어야 할까요? (근태, 업무 지시 달성 여부, 기한 준수도 등)

 >> 질문의 상황 맥락

성과관리와 관련한 많은 책들과 많은 강사들이 얘기하는 것입니다.

"직원들의 일하는 상황과 일하는 모습을 끊임없이 주시하다가 문제 행동이 포착된다면 그 성과 개선 포인트와 함께 기록을 하라.",

"관찰한 기록을 가지고 면담을 하라."

하지만 그 구체적인 방법론까지는 제시받지는 못해 이런 질문이 나오게 된 것 같습니다.

≫ 성과관리와 관련된 이론/사례

Q2에서 한 번 소개한 사례입니다. 프로야구 경기의 경우 1회 초 우리 팀 경기가 시작되었다면, 야구 감독과 코치의 시선은 우리 팀 선수들의 플레이하는 모습에 가 있을 것입니다. 그리고 이에 대응해 상대팀 선수들이 어떻게 플레이하는지에 또 눈이 가 있을 것입니다. 그렇게 감독과 코치는 선수들의 상황과 모습을 주시하면서 관찰합니다. 성적을 내지 못하는 포인트를 발견하고 메모/기록합니다. 그리고 바쁜 공수 교대시간에 성과 부진에 빠져 있는 선수들을 불러서 면담합니다. 성과 개선을 할 수 있도록 도움이 되는 피드백을 주는 것입니다.

그 결과 이 피드백을 받은 선수의 성적, 성과가 개선되고 우리 팀의 승수가 많아져 우리 팀이 우승하거나, 준우승한다면 이에 비례해 감독과 코치진의 연봉은 올라가고 계약은 연장될 것입니다. 저자는 야구 감독과 코치의 경우가 기업 조직의 중간 관리자의 경우와 동일하다고 생각합니다.

물론 절대 연봉에서 크기 차이는 있습니다. 하지만 일을 하고, 성과를 내고, 성과를 평가받는 프로세스는 동일하다고 생각합니다. 부서장과 팀장이 구성원의 일하는 상황과 모습을 주시했다가 관찰합니다. 그리고 성과를 내지 못하는 포인트를 발견하고 메모/기록합니다. 그리고 바쁜 업무시간 중에 잠깐 불러서 면담합니다. 성과 개선을 할 수 있도록 도움이 되는 피드백을 해 줍니다. 그리고 이 피드백을 받은 구성원의 성과가 개선됩니다. 그 결과, 그 영향으로 우리 팀의 성과가 더 커집니다. 우리 팀은 업적 1등을 하거나 2등을 합니다. 우리 팀의 업적에 비례해 부서장과 팀장의 내년 연봉이 올라가고 승진은 앞당겨집니다. 리더는 이런 프로세스로 일을 하는 사람이어야 합니다.

  Q21의 질문은 야구 감독과 코치 또는 기업의 부서장과 팀장들이 무엇을 관찰하고 어떻게 근거를 기록하는지에 대해 묻고 있습니다.

> **리더의 피드백 포인트 및 조치사항**

이를 위해 두 가지 방법을 제안합니다.

【1】피드백을 주어야 할 상황이 발생한 시점으로부터 가장 빠른 시간에 면담을 합니다.

그 첫 번째 방법은 피드백을 주어야 할 상황이 발생한 시점으로부터 가장 빠른 시간에 면담하는 방법입니다. 빠른 시기에 면담을 하면 기억이 생생해 구성원의 업적 결과와 역량 행동에 대한 묘사가 구체적일 수 있습니다. 행위동사 중심으로 구체적인 행동과 그 행동이 미친 결과에 대해 설명할 수 있습니다. 하지만 이 시기를 놓치고 나중에 다른 것들과 아울러서 한꺼번에 피드백을 전달하려고 하면 행위동사가 아닌 모호한 형용사적, 부사적 표현이 많아질 수밖에 없습니다. 구성원의 행동에 대한 잔상만이 남은 상태에서 '그런 듯하다.' '○○한 편이다.'와 같은 주관적인 판단과 평가만을 줄 수 있을 것입니다. 그렇기 때문에 **가장 빠른 시기에 직접 지켜보고 느낀 것을 있는 그대로 솔직히 전달하는 방법이 가장 좋을 것입니다.** 있는 그대로 솔직히 전달하는 방법 역시 처음에는 다소 서툴러도 시행착오의 경험이 쌓이고 더 나은 방법을 계속 고민하다 보면 반드시 skill-up될 것입니다.

【2】구성원과의 질문/답변을 통해 업적 결과와 역량 행동에 대한 근거를 명확히 합니다.

두 번째 방법은 구성원과의 질문/답변을 통해 업적 결과와 역량 행동에 대한 근거를 명확히 하는 방법입니다. 면담 시, "그동안 일을 어떻게 해왔는지?" 설명해 달라는 질문에 모호한 답변을 한다면, 추가 질문을 통해 근거를 명확히 하면 됩니다. 구성원의 일하는 모습, 일하는 상황을 미처 관찰하지 못했다면 질문을 하고 답변을 듣고, 그 답변의 모호함을 명확히 하는 추가 질문을 통해 근거를 확보하는 방법입니다. 구성원이 어떻게 일을 했는지에 대한 근거를 구성원의 자각을 통해 구성원의 입을 통해 말하게 하는 방법입니다. 면담을 마친 이후에는 면담 때 주고받은 모든 내용을 구성원이 정리해서 보고서를 만들어 제출하게 합니다. 리더가 보고서를 정리하는 방법도 있겠지만, 구성원의 업적 결과와 역량 행동에 대한 반성과 성찰을 위해서는 구성원에게 보고서 작성의 임무를 맡기는 것이 좋습니다. 그리고 리더는 이렇게 차곡차곡 쌓인 보고서를 최종 평가의 근거로 활용하면 됩니다.

근태, 업무 지시 달성 여부, 기한 준수도를 수치화시켜 관리하는 방법도 있습니다. 지각 1회 : -1점, 업무 지시 불이행 : -5점, 기한 내 미처리 : -7점 등으로 수치화시켜 관리할 수 있다는 점에서는 장점은 있지만 기본적으로는 positive한 방식이 아니라, negative한 방식입니다. 이 방식은 보통의 성과자나 고성과자의 성과 향상을 돕기보다는 저성과자의 성과 부진의 근거를 확보하는 보수적이고 소극적인 성과관리밖에는 안 될 것 같아 적극 추천하지는 않겠습니다.

아울러 질문을 하고 답변을 들을 때 구성원이 모호하고 막연하게 얘기를 한다면, 아래와 같은 추가 질문을 통해 업적 및 역량 행동의 근거를 명확히 하는 것도 필요합니다. 다음의 표를 사전에 자세히 확인/숙지하고 구성원과의 면담 때마다 지참하고 실제 활용하기 바랍니다.

근거 확인을 위한 추가 질문 방법

구분	질문에 대한 모호한 답변	근거 확인을 위한 추가 질문
일반화된 진술 (구체적 사례 부재)을 하는 경우	대개, 일반적으로, 때로는, 자주 ~ 하는 편입니다. ~ 하곤 합니다."	구체적 사례 요구 - 대표적 사례는? - 가장 최근의 사례는?
행동의 주체와 객체를 일반화시켜 표현	우리는, 우리 파트는, 많은 사람들에게, 동료들에게	구체적 대상 요구 - 본인의 사례/역할은? - 구체적 대상은?
개인적/주관적 판단인 경우 (판단의 내용/근거 부재)	좋은 아이디어를 냈다, 기대 이상의 성과를 올렸다, 좋은 효과, 좋은 영향, 더 많이, 더 좋은, 더 잘	판단의 내용/근거 요구 - 아이디어/성과/효과/영향의 내용은? - 판단의 근거(과거 대비, 동료 대비, 타사 대비 등)는?
개인적 생각/의견 (행동 증거의 부재)	교훈을 얻었다, 배웠다, 느꼈다, ~ 을 해야 한다고 생각했다, ~ 이 필요하다고 생각했다	행동 증거의 요구 - 교훈 이후의 적용 사례는? - 행동적 실행 증거는?

Q22   PART II 구성원 모두의 최적 만족을 위한 공정성/수용성 확보방법

2차 평가자(또는 평정자)인 본부장(또는 임원) 입장에서 1차 평가자(또는 평정자)인 팀장의 평가 결과를 넘어오는 그대로 반영하는 것이 맞는지요? 맞지 않다면 다른 방법은 없을까요?

>> **질문의 상황 맥락**

본부장 입장에서는 팀장과의 트러블도 안 만들고 속 편하게 평가등급을 확정할 수 있는 쉬운 방법이기는 합니다. 하지만 이렇게만 평가를 하다 보면, 내가 더 높은 사람인데 2차 평가자로서의 내 존재감과 역할이 너무 없는 것 같습니다. 유명무실한 2차 평가자가 되어 있습니다. 또 1차 평가자가 평가를 잘하고 있다면 모르겠는데 그 반대라면 잘못을 바로잡기는커녕 그 잘못을 수수방관하고 있다는 비난도 피할 수 없을 것입니다.

▶▶ 성과관리와 관련된 이론/사례

2차 평가자 주도로 평가 결과를 논의하고 평가등급을 조정/결정할 수 있는 제도로 C-session이 있습니다. C-session은 2000년대 초 IBM, GE, Intel 등의 글로벌 기업을 시작으로 확산되어 현재 많은 외국기업과 국내 대기업에서 운용되고 있는 제도입니다. C-session의 C는 Calibration의 약자로 사전적으로는 '눈금 매기기'라는 뜻으로 성과관리, 성과평가에서는 평가등급을 '조정, 조율해서 최종적으로 평가등급을 확정한다'는 의미로 사용됩니다.

C-session은 '최종평가 조정미팅'이라는 의미로서 2차 평가자(본부장 또는 임원으로 전제) 주도로 2차 평가자와 1차 평가자(팀장, 조직의 중간 관리자로 전제) 전원이 모여 대화와 토의를 통해 피평가자들의 평가등급을 최종적으로 확정하는 자리입니다. 그리고 승진/이동·배치/교육 파견/금전적 보상 등의 HR 관리방안까지도 논의하고 결정하는 자리입니다. 물론 연말 평가 시기 전후로 시간상의 제약, 많은 참석 인원 수, 조직문화상의 제한점 등으로 인해 이 C-session을 개최하기 힘들다고 여기며 이 C-session 개최를 포기하는 국내 기업들이 많을 것입니다. 하지만, 이 C-session 도입으로 인해 얻을 수 있는 성과관리상의 유익은 매우 많습니다.

다음에 이 C-session을 통해 조직과 리더가 얻을 수 있는 유익을 일곱 가지로 정리해 봅니다.

첫째, 1, 2차 평가자 모두 자사의 '일 잘하는 기준'과 '일 잘하는 직원'에 대한 consensus를 자연스럽게 이끌어 낼 수 있습니다. 어떤 회사이건 간에 그 회사의 홈페이지를 보면 '미션-비전-핵심가치-인재상'이 나와 있습니다. 그리고 그 회사의 구축되어 있는 역량 모델을 보면 '보통성과자 또는 저성과자와는 달리 고성과자들이 어떻게 일을 하는지'에 대한 가이드라인을 확인할 수 있습니다. 하지만 홈페이지의 인재상과 역량 모델에 기술되어 있는 '고성과자들의 일을 잘하는 가이드라인'은 C-session에서 평가자들이 자신의 평가 근거와 평가 결과를 논의하는 과정을 통해 더욱더 명확해지고 확실해집니다. 평가자 간 consensus를 통해 한 회사의 '일 잘하는 기준'과 '일 잘하는 직원'에 대한 개념이 한층 더 확고해질 것입니다.

둘째, 평가자들이 사실(fact)에 근거해 구성원들의 업적 결과/역량 행동을 기록하는 습관을 만듭니다. 평가자들의 평가 결과를 가지고 C-session에서 여러 사람들이 논의하고 토의를 하게 된다면, 반드시 평가의 근거 기록이 있어야 할 것입니다. 평상시에 매번 빠짐없이 수시/상시 면담을 통해 피평가자, 구성원의 업적 결과/역량 행동을 기록하고 메모해 두라고 해도 이렇게 하는 평가자는 많지 않을 것입니다. C-session은 평가자들이 어쩔 수 없이 사실(fact)에 근거한 업적 결과/역량 행동 실적을 기록하게 만듭니다.

셋째, 평가자들의 자의적 평가를 막을 수 있습니다. C-session이 없다면 특히, 1차 평가자가 피평가자인 구성원들에 대해 어떤 기준을 가지고 어떤 평가등급을 주는지에 대해 알 수 있는 길이 없습니다. 1차 평가자는 기본적으로 자신의 평가 결과를 굳이 알리고 싶어 하지 않습니다. C-session 없는 익명의 비공개에 가까운 평가시스템은 이러한 현상을 더 조장할 것입니다. 따라서 C-session은 이러한 현상을 막는 좋은 도구가 됩니다.

넷째, 평가자들이 토의하고, 조정하고, 협상하는 업무역량을 키울 수 있습니다. 이를 통해 피평가자들을 평가하는 역량 외에 평가자들의 업무역량을 향상할 수 있는 계기도 되는 것입니다. 먼저 평가자들은 자신이 평가한 결과의 정당성을 주장할 수 있어야 합니다. 또한, 자신이 평가한 결과를 조정하고 양보할 수도 있어야 합니다. 물론 근거 없는 주고받고 식의 양보, 협상은 아니어야 합니다. 평가자들이 모여 사다리 타기나 가위/바위/보로 평가등급을 결정해서는 안됩니다. 이러한 논의의 과정이 매년 반복된다면 평가자들의 업무역량은 이 과정들을 통해 자연스럽게 개발될 것입니다.

다섯째, 2차 평가자가 1차 평가자들의 평가역량과 그 외 업무역량에 관해 확인하고 평가할 수 있는 계기가 됩니다. 1차 평가자가 피평가자에 대한 평가를 잘하고 있는지? 잘못하고 있는지? 이에 대한 평가도 반드시 존재해야 할 것입니다. 하지만 C-session이 없는 현재의 평가시스템 하에서 2차 평가자가 1차 평가자의 평가역량을 확인할 수 있는 방법은 제한적일 수밖에 없습니다. 2차 평가자인 자신의 평가등급과 1차 평가자의 평가등급 불일치 정도 확인을 통해 간접적으로나마 1차 평가자의 평가 결과에 의구심을 갖는 정도일 것입니다. 하지만 C-session이 개최된다면 어떤 1차 평가자가 어떤 근거를 가지고 어떻게 평가하는지의 평가역량이 확인될 수 있습니다. 평가역량 외에 1차 평가자 간 어떻게 논의하고 토의하고 조정, 협상하는지를 통해 관련된 다른 역량도 확인될 수 있을 것입니다.

여섯째, 1차 평가자와 2차 평가자의 평가등급 차이도 이 자리를 통해 조정 가능합니다. C-session이 없다면, 2차 평가자가 아무래도 상사이니 1차 평가자가 눈치껏 2차 평가자의 평가 결과에 수렴할 수도 있고 반대로 2차 평가자 입장에서는 아무래도 피평가자와의 접점에 있는 1차 평가자보다 피평가자에 대해 잘 모를 수도 있기 때문에 1차 평가자의 평가 결과를 추종할 수도 있습니다. C-session은 1차 평가자와 2차 평가자 간 평가등급 차이가 자연스럽게 조정될 수 있는 시간과 공간을 제공합니다. 통상 "아래/위 한 등급 정도 조정할 수 있다."와 같은 기준을 미리 정해 놓고 운용하기도 합니다.

일곱째, C-session은 피평가자들의 평가등급을 최종적으로 확정하는 것 외에 승진/이동·배치/교육 파견/금전적 보상 등의 HR 관리방안까지도 논의하고 결정하는 장이 됩니다. 평가는 평가만으로 끝나는 것이 아닙니다. C-session은 평가 이후의 임금 인상/인센티브 부여/승진과 같은 보상 정책의 얼개를 결정하는 자리이기도 합니다. 핵심인재 및 저성과자에 대한 이동과 배치, 교육 파견의 큰 그림을 결정하는 자리도 됩니다. 2차 평가자가 관장하는 인사조정위원회가 되는 것입니다. 이런 여러 가지 유익이 있기 때문에 많은 기업들이 이 C-session을 성과평가의 끝마무리 단계로 반드시 제도화하기를 바랍니다. C-session은 성과평가의 여러 가지 문제점과 제한점을 단번에 해결할 수 있는 훌륭한 솔루션 역할을 할 것입니다.

리더의 피드백 포인트 및 조치사항

【1】 동조하여 평가 or 독립적으로 평가하기

1차 평가자의 평정 결과를 거의 그대로 참고하여 동조해 평가한다면 2차 평정 및 2차 평가자의 존재 의미는 다시 논의되어야 할 것입니다. 반면, 동조가 아닌 독립적으로 평가하는 것도 쉬운 일이 아닙니다. 2차 평가자는 1차 평가자의 평정 결과에 동조하지 않고 독립적으로 평가하는 것이 당위론적으로는 맞는 행위입니다. 하지만 1차 평가자가 10여 명 정도의 구성원에 대한 평정을 담당하고 이에 따라 면담을 한다고 하면, 2차 평가자는 그 구성원 숫자가 3배 내지 4배 정도로 늘어나게 되어 30, 40명에 달하는 구성원과 면담을 해야 하는데 이렇게 인원이 많다 보니 1차 평가자와 비교했을 때 심도 있는 면담을 진행할 수 없게 됩니다. 아울러 1차 평가자와는 다르게 구성원과의 접점에서 멀리 떨어져 근무하기 때문에 누가 일을 잘하고 있는지, 누가 일을 잘못하고 있는지에 대한 사항도 상시적으로 파악할 수 없습니다.

그래서 많은 기업들이 이렇게 하느니 2차 평정의 비중을 줄이거나 아예 없애는 방향으로 의사결정을 내리고 있습니다. 1차 평가자의 평정 비중을 100%로 가져가는 기업이 늘어나고 있습니다. 1차 평가자 한 명에게 모든 평가를 맡긴다는 것이 혹시 모를 1차 평정자의 자의적 평가 때문에 다소 위험해 보여도, 제대로 잘 알지 못하는 2차 평가자에게 구성원의 평가를 맡기는 것보다는 낫다는 판단인 것입니다.

그래도, 굳이 1차 평정과 2차 평정을 지금과 동일하게 해야 하는 상황이라면 동조도 아니고 독립도 아닌 조정/합의하여 평가하기를 추천합니다.

【2】 조정/합의하여 평가하기

성과관리와 관련된 이론/사례 부분에서 C-session을 도입했을 때 어떤 유익이 있는지 소개하였습니다. S그룹의 경우, C-session의 내용은 그대로 하고 이름만 바꾸어 T-session이라는 것을 만들어 전사적으로 진행하고도 있습니다. 여기에서는 T는 Talent, 인재입니다. 이렇게 S그룹처럼 전사적으로 이 제도를 도입하지 않더라도, 전사적으로 도입될 때까지 기다리지 말고, 2차 평가자가 담당하고 있는 조직이라도 C-session을 도입하면 좋겠다는 생각을 해봅니다.

C-session이 도입되었을 때, 1차 평정자는 2차 평정자의 "평가 근거, 평가 내용이 무엇이냐?"라는 질문에 답을 해야 하고, 그러한 질문에 답변하기 위해서는 fact에 근거한 관찰/기록을 남기는 습관을 만들어야 하는 등 여러 부담이 수반되는 것은 사실이지만, 제대로 된 평가를 하기 위해 그러한 습관과 부담은 당연하기도 합니다. 반면에 2차 평가자는 1차 평가자가 번거롭고 부담스러운 일을 더 해야 하는 것과 비교해, 더

번거롭거나 더 부담스럽거나 더 손해날 일이 없습니다. 오히려, 동조 또는 독립적으로 평가를 하느라 애매했던 모든 부분에 대해 1차 평가자에게 묻고, 그 답을 듣고 판단을 다시 하면 되는 것입니다. 앞서 언급했던 C-session의 다른 유익, 즉 1차 평정자의 평가 역량과 평가 외 역량도 키우거나 확인할 수도 있습니다. 최종적으로는 구성원에게 통보해야 할 평가등급에 대해, 한 사람이 아닌 여러 사람의 논의와 조정을 통해 합의하고 결정을 한 것이니 그만큼 책임도 분산되고 그 결과에 대한 어느 정도의 확신감, 자신감도 갖게 되는 것입니다.

따라서 처음 도입할 때 번거롭고 불편하고, 불안하고 어색해도 그 도입의 유익이 크기 때문에 내가 담당하고 있는 조직에 과감히 적용해 보았으면 합니다.

EPILOGUE

성과관리 역시 스스로 돕는 사람만이 도움을 받을 수 있습니다.

리더는
제대로 해보지도 않고, 아무래도 안되겠다는 구성원,
잘 모르겠으니 가르쳐 달라는 구성원을 싫어합니다.
교단의 교사, 교수 역시
제대로 풀어보지도 않고,
잘 모르겠으니 직접 풀어달라는 학생들을 싫어합니다.

성과관리(평가)의 강의 현장에서
수없이 많은 질문을 받고 있습니다.
어떤 학습자들은 정말 몰라서 묻는 것이 아니라,
본인이 고안해 낸 대안에 대해 확인을 받고
확신을 더 강화하기 위해 질문을 합니다.
이런 질문을 받는 강사는 시간이 더 걸리더라도
문제해결을 위해 기꺼이 학습자와 함께합니다.

반면 문제해결을 위한 최소한의 고민 없이,

본인이 고안해 낸 대안 없이

일방적 도움만을 원하는 학습자들이 있습니다.

교육프로그램의 좋은 강사를 통해,

경영컨설팅의 좋은 컨설턴트를 만나

문제를 간단히 해결하고 싶어 합니다.

하지만 스스로의 노력 없이

교육프로그램과 경영컨설팅의 도움만으로

성과를 개선하고 조직을 발전시켰다는

얘기를 들어본 적이 없습니다.

본문에서 언급한 바 있는 공황장애 역시

스스로 병을 이기고자 하는 노력 없이

의사의 도움만으로 치유되지는 않을 것입니다.

하늘이 스스로 돕는 사람을 돕는 것처럼

성과관리 역시

리더 앞에 놓여 있는 자신의 일과 문제를

<u>스스로</u> 해결해 보려는 노력과 고민을 하는
사람들에게 더 도움을 줄 것입니다.

자신의 일과 문제를 남의 일처럼 취급하며
누군가의 도움만을 기다리는 사람들에게는
그 누구라도 도움을 줄 수 없습니다.

다만 구성원은 물론이거니와
리더 계층 역시 위에서 시키는 일만 하는 데에 익숙해져
<u>스스로</u> 일을 하겠다는 고민과 생각을 하지 않고 있습니다.

더 기다릴 시간 없이 빨리 변하는 세상입니다.
책과 강의를 통해 배운 성과관리 레시피(recipe)에
자신만의 재료를 더하고,
자신만의 연구와 노력을 통해 만든 손맛을 더해
지금 당장 사용할 수 있는 자신만의 성과관리 솔루션을
하나씩 둘씩 만들어 가는
리더가 되기를 바랍니다.

참고 도서

1. <나는 인정받는 팀장이고 싶다>, 이재형 외 지음, 플랜비디자인

2. <나는 (***) 팀장이다>, 이재형 외 지음, 플랜비디자인

3. <성과 중심으로 일하는 방식>, 류랑도 지음, 쌤앤파커스

4. <진짜 성과관리 PQ>, 송계전 지음, 좋은 땅

5. <꾸짖는 기술>, 나카시마 이투오 지음, 다산3.0

6. <The 커뮤니케이션>, 서정현 지음, 플랜비디자인

7. <THE GOAL : 성과관리 리더십>, 이재형 지음, 플랜비디자인